"新优质学校"
发展之路

一体化体系建设成就学校优质发展

鲁爱茹◎著

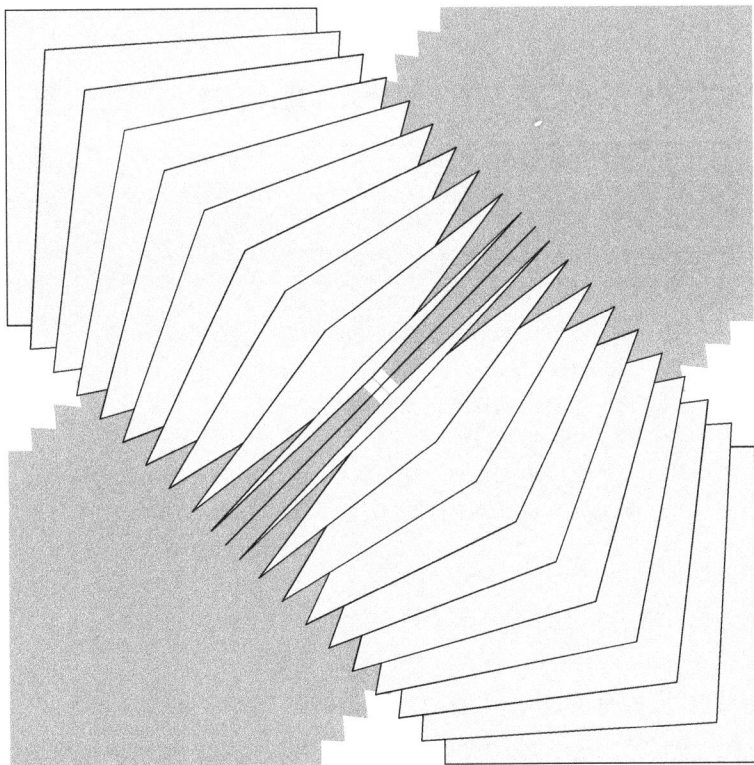

中国言实出版社

图书在版编目（CIP）数据

"新优质学校"发展之路：一体化体系建设成就学校优质发展 / 鲁爱茹著. -- 北京：中国言实出版社，2024.3

ISBN 978-7-5171-4773-2

Ⅰ.①新… Ⅱ.①鲁… Ⅲ.①中学—德育工作—研究 Ⅳ.①G631

中国国家版本馆CIP数据核字（2024）第057677号

"新优质学校"发展之路 —— 一体化体系建设成就学校优质发展

责任编辑：王建玲
责任校对：张天杨

出版发行：中国言实出版社
   地 址：北京市朝阳区北苑路180号加利大厦5号楼105室
   邮 编：100101
   编辑部：北京市海淀区花园路6号院B座6层
   邮 编：100088
   电 话：010-64924853（总编室） 010-64924716（发行部）
   网 址：www.zgyscbs.cn 电子邮箱：zgyscbs@263.net

经 销：新华书店
印 刷：北京虎彩文化传播有限公司
版 次：2024年5月第1版 2024年5月第1次印刷
规 格：710毫米×1000毫米 1/16 14.5印张
字 数：160千字

定 价：78.00元
书 号：ISBN 978-7-5171-4773-2

序

脊梁教育一体化建设，让学校走向更优质

　　九年一贯制学校在我国义务教育体系中已经达到了一定比例，成为中国义务教育的重要组成部分。如何促进九年一贯制学校的高质量发展，特别是针对九年一贯制学校的办学实际，提出有效的思路和方法，是落实党的二十大报告提出的发展素质教育与基础教育高质量发展的一项重要任务。

　　九年一贯制学校是作为现有义务教育"六三"学制并行的一种办学模式。作为实施义务教育的办学类型之一，具有独特的优势。它能够从更长的时间跨度为儿童青少年成长提供连续性的学习环境，可以更加系统地设计义务教育的课程体系，提供更加稳定、长程的成长环境，以及相对熟悉的老师与同学，等等，这对于提高义务教育阶段的办学效率、教育教学质量，促进学生全面发展，都是有利的因素。它意味着能够从更大空间、更长时间为学生发展提供更为长远的指导，对教育资源进行更有效的配置。虽然九年一贯制学校本身也存在不同类型，它们有各自的特点，但在教育教学、治理方式、制度安排上的一贯性是共同点，由此构成了办学的基本要素与制度框架。

　　2014年，北京市第二十中学教育集团积极发挥优质资源辐射作

用，承办了位于海淀永泰地区的教育配套，建立了一所九年一贯制学校——北京市第二十中学附属实验学校。在学校建设、发展的近十年中，附属实验学校整合集团资源，借助集团优秀的学校文化和办学理念，结合自身办学性质及办学目标，不断提炼总结学校文化、课程建设、教师发展、区域共享等方面的实践经验，形成进行脊梁教育一体化建设。《九年一贯制学校一体化课程体系建设实践研究》被评为北京市基础教育课程建设优秀成果一等奖。学校冰雪教育成果突出，被评为全国冰雪教育特色校、全国冰雪教育奥林匹克示范校。"文学、艺术见长"成为学校的办学特色。2020年，学校被海淀教委授予"海淀区新优质学校"。学校办学品质不断提升，被地区百姓赞誉为"家长心中、百姓身边"的好学校。学校被评为北京市文明校园、北京市义务教育学校管理标准达标学校等。近十年的建设，学校形成了脊梁教育的品牌。

习近平总书记指出，高质量发展就是体现新发展理念的发展。新发展理念即创新、协调、绿色、开放、共享的发展理念。九年一贯制学校的建设，是一个需要不断创新的领域。它具有自身的优势，也存在内在的张力与冲突以及衔接的挑战。协调或衔接的核心应是科学地认识学生，让学生的成长与发展真正一以贯之。

"扬五彩青春，做中国脊梁"是实验学校传承二十中文化的体现，学校以"厚德至善，博学笃行"为师德标准，以建设一所"优质、和谐、创新"的首都一流学校为办学目标，使脊梁教育成为北京最具特色的优质教育，作为我们不懈追求的目标。新起点，新希望，我们以培育国家栋梁为己任，谱写北京市第二十中学附属实验学校新的篇章！

目 录

第一章　脊梁教育一体化发展体系

北京市第二十中学附属实验学校于 2014 年 9 月 1 日正式成立。学校是一所现代化的九年一贯制学校，是北京市第二十中学教育集团的重要组成部分。学校传承二十中学的文化符号，把建设优质、和谐、创新的海淀北部教育新地标作为办学目标，以"让每一个孩子全面而有个性地成长"为办学理念，全面落实立德树人根本任务，坚持五育并举，通过具有特色的脊梁教育一体化建设彰显学校的办学魅力，让学校走向更优质。

第一节　脊梁教育文化

北京市第二十中学附属实验学校自成立以来，就把"脊梁教育"作为学校文化建设的核心追求，力求打造成"优质、和谐、创新"为特色的首都一流学校。学校以"让每一个孩子全面而有个性的成长"为办学理念，以培育"中国脊梁"为育人目标，把"文学、艺术见长，建设一所爱阅读的学校"作为办学特色，努力进行学校文化建设和教育教学模式的创新，营造高品位的学校文化氛围，用特色文化打造学校的核心竞争力。这种创新引领了学校各项建设，实现了全体师生全面素质的提升，促进了学校跨越式发展。

一、打造"贯通培养，多元整合"的课程文化

在课程建设上，学校落实五育并举的教育方针，以培养有作为、勇担当的中国脊梁作为课程目标，构建了九年一贯制一体化课程体系，形成了年级横向与学段纵向、横向学科整合与纵向贯通培养的一体化课程方案，彰显了育人魅力。

"脊梁"课程体系围绕"中国脊梁"具备的五种素养和十种能力，开设有脊梁基础课程、脊梁拓展课程、脊梁综合课程、脊梁卓越能力课程。脊梁基础课程、脊梁综合课程面向全体学生，脊梁拓展课程面向个性化，脊梁卓越能力课程面向有特长的学生，体现人才培养的个性化、选择性、层次性、综合性和时代性。

脊梁基础课程重在落实国家基础性课程，根据地方课程和校本课程进行教学内容的横向整合，是全体学生必修的课程。脊梁基础课程在保证课程规定动作不走样的基础上，创新动作有新意。一方面，实施学科内和学科间的整合教学，拓展学习的宽度；另一方面，发挥九年贯通培养的优势，将培养目标一以贯之，并分学段有层次地实施。学校重点开发了小初衔接课程，在六年级进行高学段课程的下探，由于低、中学段已经对学生思维进行了很好的培养，所以衔接课程实施起来驾轻就熟，效果良好。同时，进行大、小课时的安排，让学习增效，开设二十分钟好习惯、礼仪、诵读、生活技能等小课，创新学习

的形式。

脊梁拓展课程是促进学生个性化发展的拓展性课程，着眼于培养、激发和发展学生的兴趣爱好、开发学生的潜能，根据学生学习程度和学习兴趣进行必选和自选。学校每个学期以学段为单位，全校共开设一百二十门脊梁拓展课程，采取网上选课抢课，跑班上课，校内外教师、家长资源联动的形式实施，深受学生喜爱。

脊梁综合课程包括研学课程、实践课程、节日课程、主题课程，是以年级横向和学段纵向统筹实施的课程，在低、中、高三个学段之间同样做到贯通培养，分段落实育人目标。每个月每个年级都会在学校的大主题之下实施主题课程，随学段升高，内容逐步深化。将养成教育、入境教育、核心价值观教育、劳动教育、传统文化教育、文明礼仪教育、人格教育、身心健康教育等融入课程体系之中，实施混龄教育，实现学科联动、全学科育人、全员育人。

脊梁卓越能力课程是针对办学特色、促进学生特长发展开设的课程。目前，学校已经成立了科技类、艺术类、体育类五十个社团，各类社团在海淀区、北京市乃至全国的竞赛中都取得了令人骄傲的成绩。尤其是以"北极星"冰球队为代表的冰雪教育已经形成特色，学校在 2018 年被评为全国和北京市的奥林匹克冰雪教育示范校。

二、培育"团结和谐，诚勤善正"的师生文化

目前，学校已经形成了"厚德至善，博学笃行"的教师文化，建立了一支"讲政治、有信念，讲规矩、有纪律，讲道德、有品行，讲奉献、有作为"的教师队伍。教师团队和谐、积极、向上，坦诚相待，真

心以对。每个学期开学初,学校召开教师培训会进行师德、教育法规、师风等方面的培训,以学段、年级为单位组整体创建积极的人际沟通文化,办公室负责人负责打造温馨的办公室文化。同时,学校坚持做好大教研与小教研的融合,以教研团队的建设来加强教师文化建设。在课堂教学中,能够体现"贯通""整合"的课程理念,以及脊梁教育的育人目标,真正走的是内涵式发展的道路。

学校也形成了"至诚、至善、惟勤、惟正"的学生文化,学生阳光、自信、大方、爱阅读。学校注重人格培养和文明礼仪的养成,以"诚、勤、善、正"为人格标准,注重培养学生的科学素养、人文素养、艺术素养、健康素养、技能素养。学生通过学习各种特色课程、参加实践活动来锻炼提升各项能力。在体育节、科技节、艺术节、阅读节等活动中,均活跃着学生的身影,在国旗下讲话、主题课程、实践课程、班队会等活动中能听到学生的主持或展示,不同专长的学生都能在不同的平台找到自己的价值。在每月一次的"校长有约"中,学生代表和校长共进午餐,能够大胆地表达自己的心声和对学校发展的建议。可以说,每个学生都在北京市第二十中学附属实验学校这个大家庭里成长为自信的"中国脊梁"。

三、营造"温馨现代,生机勃勃"的环境文化

学校占地四十亩,建筑面积四万多平方米,目前两栋教学楼至善楼、至诚楼,已经用于学生开展教育教学活动。教学楼内有合唱厅、弦乐厅、舞蹈厅、油画室、陶艺室、书法室、计算机室等专业教室。学校的二期工程正在建设中,建成后的学校主体建筑将呈现庭院式中

国传统建筑风格。即将建成的综合楼内有图书馆、各类特色实验室、餐厅、多功能厅等，能够满足学生阅读、实验、就餐等需要；即将建成的体育场馆内有游泳馆、篮球馆、乒乓球馆、跆拳道馆、羽毛球馆等，满足学生各类体育活动。作为一所现代化的学校在建设智慧校园过程中长远规划，先进的信息技术，如触碰一体机、电子班牌、电子阅读器已经服务于学生的学习、教师的教学，师生体验着数字时代教育的魅力。

学校花很大的精力在两栋教学楼楼顶进行了绿化，重视绿植，供学生写生、研究、参观。教学楼内也具有一致的学校文化风格，墙壁上展示学校各项活动的师生风采照片，每个楼梯间都有名人名言激励学生。教室外的扎板展示学生的优秀作品，每月定期更换。学校其他空间还展示着学生的美术作品、在非遗课程上制作的作品、航模作品、折纸作品等。"每面墙壁会说话""每个空间都有故事"。图书馆、图书角遍布学校的各个角落，每到课间、中午学生就会捧起一本书，图书馆的书籍定期更换，营造了温馨的读书氛围，真真正正在向一所爱阅读的学校努力。

学校也很注重宣传文化，完善学校微信公众号建设。加强校园文化宣传力度，特别加强了学校微信公众号新闻推送工作。开辟宣传专区模块，"脊梁小榜样"、"校园一日一品"、好人好事播报、活动新闻报道、通知等。温馨公众号现在已经成为学校宣传工作的主阵地，发挥了互联网技术的优势，很有时效性。

四、共建"互助合作，和谐包容"家校合作文化

学校自办学以来就非常注重发挥家长力量，构建和谐的家校合作关系。学校是一所开放、民主的学校，家长都有参与权、决策权、知情权。

学校分学段成立了家委会，每个学期开学初召开一次集中的家委会会议，汇报学校的工作计划，听取家长们对学校管理的意见，反馈家长们的问题。每年年底，还会召开家委会代表座谈会，梳理一年的工作，反馈家长代表的意见，表达心声。学校的重大决策、节日课程、脊梁课程、主题课程、文艺嘉年华等都会征求家长意见，家长们献计献策。比如，学校更换校服厂家、二期工程建设等重要事宜都会听取家委会代表意见。学校家长还参与到学校的课程建设中来，有三位家长在低中学段分别开设了脊梁选修课程。学校还经常组织家长开放日活动，每次大型活动如运动会、嘉年华等，受学校邀请，家长参与其中，加深了与教师、孩子之间的沟通和交流，体现了现代化学校的管理理念。每次家长会、开放日、志愿日活动结束后，学校都注重倾听家长的声音。家长们在家长意见反馈单中对学校给予了极大的肯定，满意度达到100%。也提出了一些宝贵的意见，学校根据反馈，调整教育工作，给家长们一个满意的答复。通过反馈，我们看到了家长的智慧，这就是合作办学的力量。学校也很注重家长学校的建设，每个学期都针对家长的需求专门开设家长课程，从北师大、中科院等专业机构聘请专家为家长讲座，家长们反馈，从这些家长课程中收获颇多。

第二节　脊梁教育体系

一、建构"脊梁德育一体化"育人体系

学校把立德树人的成效作为育人体系的根本标准，把培育有作为、勇担当的中国脊梁作为育人目标，探索实践五育融合的育人模式，全面建构学校德育一体化育人体系。

（一）全员育人

育人是教师的职责所在。学校本着"人人都是德育工作者"的理念，全面落实大德育观，树立全员、全科、全程德育思想，把育人贯穿到学校教育的各个方面。学校形成以班主任为核心的育人团队，学科教师作为学生发展的导师，参与学生的成长、评价及指导。培育至诚至善、惟勤惟正；有作为、勇担当的脊梁少年。

（二）课程育人

学校坚持五育并举，确立"五维"育人理念，"以德育人""以智育人""以美育人""以体育人""以劳育人"，通过脊梁课程一体化凸显育人功能。基础课程重在课堂育人，全过程落实学科德育；拓展课程重在实践育人，突出磨砺和体验在育人中的作用；综合课程重在行为育人，主题课程、节日课程、劳动课程、研学课程紧跟时代，学生在潜移默化中培育和践行社会主义核心价值观。

（三）活动育人

文化活动是培养人、塑造人、影响人、发展人的又一条有效途

径。学校通过丰富的文化活动实现育人过程，不同月份的文化主题、文化活动各不相同。具有特色的读书节、体育节、合唱节、科技节，在丰富文化生活的同时，助力学生成长；文化体验月、劳动教育月、爱国奉献月、成果展示月等月活动，更突出主题教育强大的育人作用。学生通过多元、多彩的活动，在不一样的文化氛围中接受不同的教育内容，实现自我成长。

（四）环境育人

本着文化育人的理念，校园文化处处彰显育人本色。楼梯间的名人名言，激励学生奋发向上；"诚""勤""善""正"不同的文化解读散布在不同角落，让学生时刻铭记"我是脊梁学子"；楼道间的张张照片，记录学生日常活动剪影，让学生更加热爱学校，热爱校园生活；班班的走廊文化更是各具特色，和谐的文化环境让教育"无声胜有声"。

（五）协同育人

人人都是育人之人，时时都是育人之时，处处都是育人之地。学校注重发挥家校内外育人作用，形成育人圈，让育人在同一路径运转。加大班主任队伍建设，借助"班主任工作室"，通过经验分享、亮点呈现、成果展示等方式开展育人新模式探索。

学校特别注重家长团队的建设，以美国斯坦福大学教授卡罗尔·德韦克成长型思维理论为统领，引领家长做成长型家长，着力打造成长型家长团队。通过家长讲堂、家长学校等方式，采用菜单式服务，为家长提供多维度的课程培训，让更多的家长能够掌握更多科学的育人方法和策略，不断提高育人能力，从而形成良好的内外育人氛围。学校凸显"家长是学校教育'合伙人'"的理念，让家长参与学校教育管理，优化学生成长环境，促进学生德智体美劳全面发展，形成家校合作机制，实现共同育人的职能。开放日，家长走进课堂看教学、看育人环境、看学生成长，做反馈；学校大型活动，家长以志愿者身份参与活动的策划、组织、评价，看学校文化、看学生发展，他们乐在其中；家长也是学校的监督指导员，走进校园看安全、品餐饮、选校服等。家长的有生力量让育人更充满活力、张力。学校尊重家长、家长信任学校已成为学校的育人文化。家校共育成为学校育人体系中的亮点。

"育人"是教育的根本，学校的各项工作、各个部门始终同向同行，形成协同效应，让育人一体化功能最大化。

二、完善"脊梁课程一体化"建设体系

学校是以课程建设引领学校内涵发展的。学校的课程建设重点在四个方面：基础性课程、拓展性课程、综合性课程、卓越能力课程。历经第一个五年发展规划，课程成果凸显，《九年一贯制学校一体化课程体系建设实践研究》被评为北京市基础教育课程建设优秀成果一等奖。目前，学校在以下几个方面又有了突破：

（一）基础性课程

一是课程整合。老师们探索出学科内、学科间、跨学科课程整合的经验，在此基础上，开始进行项目式学习的研究、大单元整合的研究，向课程的广度、宽度上延伸，不断挖掘资源、利用资源、整合资源，建构开放的课程空间，让课程真正成为学生发展所需。

二是"2/3+1/3"课程重构。"2/3"指课内需要落实教学目标部分课程的开发与重组,"1/3"指延伸、发展教学目标的课外部分课程的开发。"2/3"着眼单元内部的重组,"1/3"着眼课程外延的实践性、综合性。"2/3+1/3"既体现了课内外知识的共存与融合,具有全学科性,又体现了多维教学理念,彰显课程的创造性。

三是衔接性课程。这一课程主要在六年级进行。如何让学生由中学段自然过渡到高学段,教师顶层设计,自主开发了衔接性课程。以前瞻的视角,在贯通培养下,整合课程资源,突出衔接,体现连续性和进阶性,为学生提供更宽、更广学习空间的课程。

四是全学科阅读。学校是北京市校园阅读推动项目实验校,着力打造"建立一所爱阅读的学校"。学校阅读环境的营造,阅读活动的开展,全学科齐开动,课上阅读、课下阅读,学校阅读、家庭阅读,阅读成为学生的生活方式之一,成为学校课程的一方风景。

五是评价体系的完善。学校通过数字校园已探索出过程性评价与总结性评价有机结合的评价体系。学校更注重过程性评价,关注学习习惯、学习质量、自主管理等内容,随时随地的评价,让学生的学习更主动、更自觉、更有动力。终结性评价通过自评、师评、生评、家长评等多种评价方式,在德智体美劳等方面进行全方位评价,包括个性特长发展等,让评价更多元、更立体,也正应了《深化新时代教育评价改革总体方案》中提到的"探索开展学生各年级学习情况全过程纵向评价、德智体美劳全要素横向评价"。评价体系的完善成为课程建设的一大支点。

（二）拓展性课程

拓展性课程是学校课程的亮丽名片，深受学生、家长的喜爱。最凸显的特点是：门类多、接地气、高水准。如《地理之按图索骥》《灰白空间》《我的缝纫时间》等，每个学段都开设上百门课程。学生完全根据自己的喜好选择课程，跑班上课。授课教师由学校专任教师和外聘专业教师构成。每一年的课程均通过年末的课程嘉年华这一特定的方式验收。课程嘉年华可谓是学校课程成果最耀眼的明珠。

（三）综合性课程

这类课程主要包括主题课程、节日课程、实践课程、研学课程。

前三类课程由各学段、各年级根据学校整体主题计划分主年级、分主题进行实施，已形成学校的特色。学校坚持五育并举，在实践课程中，更重视劳动课程的实施。依据《大中小学劳动教育指导纲要（试行）》，结合学校课程体系，根据不同年龄学生特点，开设劳动教育小课，树立学生正确的劳动观念，培养学生必备的劳动能力，培育积极的劳动精神，使其养成良好的劳动习惯和品质。

低学段的劳动课程有：正确擦拭桌椅、课桌的整理、学会扫地、学会拖地、学会叠衣服、学会洗菜、自己能洗袜子、学会垃圾分类、能做一道简单的菜等。

中学段的劳动课程有：会包书皮、会擦玻璃、会洗头发、会洗澡、会洗碗筷、会制作水果拼盘、会包饺子、会做手工、会使用简单的家用电器等。

高学段的劳动课程有：一屋不扫何以扫天下——学会劳动，生活技能大比拼——我的卧室我整理，垃圾分类——变废为宝，发酵技术初体验——米酒、馒头、酸奶、腐乳等。

同时，充分发挥劳动教育评价的作用，展示学生的劳动成果。开展劳动小能手、技能大比拼等活动，激发学生的劳动积极性，让劳动成为学生生活不可缺少的内容。

（四）卓越能力课程

这一门类的课程主要以社团形式开展。目前，学校的"北极星"冰球队、队列滑、合唱团、弦乐团在市、区都有一定的影响力。最值得引以为豪的，就是学校的冰雪教育，那是我们的品牌，在全区起到了引领的作用。学校承办了第一届海淀区中小学冰球联赛，参与了《第一届海淀区中小学冰雪运动知识读本》的编写，推动冰雪运动在中小学科学、规范、有序地开展。学校现在是全国冰雪运动特色学校、全国奥林匹克教育示范校。

脊梁课程一体化建设，为学校师生发展赋能，让学校发展走上快车道，已成为学校的生命线！

三、实施"脊梁教师一体化"发展体系

教师专业发展，是现代化教育发展的要求，是学校发展的不竭动力，更是教师在为学生专业服务的过程中实现自我人生价值的需要。

学校的教师来源有一个特点：每一年来校工作的教师均为应届毕业生。这些教师具有以下特征：一是学历高，学校教师研究生及以上学历占65%；二是专业素质高，具有超强的学习力、研究力、实践力、思考力；三是创新力强，有思想，不受束缚，乐于挑战，与时俱

进；四是精力充沛，年轻有活力。

怎样使这样一个教师群体从学习生活走向职业生活，从教师专业化走向教师专业发展，成为学校教师队伍建设的一个重要内容。学校因地制宜，建构了促进教师发展的合宜体系，综合、整体地形成学校教师专业发展文化。

（一）建构"一、二、三"的发展模式

1. 一个目标。

建立学校教师发展共同体，以成长型思维模式，形成"共学、共享、共生、共创"的教师发展文化，实现全员、全面、个性化发展，一个都不掉队。

2. 二个结合。

建构年级发展团队及教研发展团队，凸显不同团队的发展职能、目标方向，通过团队并进并融结合式发展，彼此借力，彼此促进，实现互通、互补、互利的教师发展循环。

3. 三个计划与三个团队。

教师专业发展"三个计划"是学校第二个五年发展的重要举措，也是教师专业发展的重要内容。针对新任教师、发展中的青年教师、骨干教师三个不同群体，以"发展计划、提升计划、拔尖计划"为目标，进行教师专业发展梯队建设。

在此基础上，学校建构了三个团队：学习型团队—成长型团队—发展型团队，以滚雪球式的发展模式循环上升，让教师发展不断升级。学习型团队由学校骨干教师担任首席，团队成员主要是新任教师；成长型团队由区级学科带头人、骨干担任导师，团队成员主要是发展中的青年教师。发展型团队是学校教师团队发展的一个愿景，由市特级教师、学带、骨干带团队。三个团队以"三个计划"发展为圆心，以团队多元发展为半径，凸显个性，形成团队发展特色，助力教师成长。

近三年，教师在教育、教学、科研等方面都取得了成绩，在北京市第二届、第三届"启航杯"青年教师教学风采展示活动中，两位老师获得一等奖。在2019年区级学科带头人、骨干教师展示活动中，有6位教师分别获得说课、论文一、二等奖。在各级各类教学基本功、教学论文、课题成果等活动中，100%教师获得过不同的奖项，累计获奖2000多人次。2020年海淀区教育扶贫和对口支援工作中，有40余人次的教师参与线上、线下教研活动，送课，培训，微课展示等，助力赤城、易县、丹江口三所受援学校教师发展。

（二）建构多点联动的发展路径

1. 借助专家力量，高站位、高起点。

有专家的引领，教师站得高，望得远，少走弯路，以更专业的视角开展教育教学研究。学校建立专家库，不定期请专家进行专业指导。

专家走进课堂，听听教师的课，做课堂观察；走出课堂，说说教师的课，做课堂评价。教师从专家那里获取的是鲜活教学之后高屋建瓴的指导。

教学研究活动是教师专业发展的有效途径之一，尤其是大型教学活动。其体现出主题性、教师参与的层次性、活动成效性。如学校"脊梁杯"教学比武活动，是促进教师专业发展的学校品牌活动，每期活动都有主题。历经"初赛—决赛"的过程，教师们非常重视。为了让活动效果最大化，每次活动，学校都会邀约专家做评委，现场做点评指导，在真实的情境下实现真正意义上的专家、教师间的互动交流，对教师而言，受益无穷。

为让学校的青年教师能更快成长，学校聘请专家做老师们的师傅。"名师出高徒。"学校要打造"高素质、高起点"的教师队伍，这无疑又增添了有力的一翼。"专家师傅"对徒弟更是全面培养，专业引领、专业指导、专业评价，为徒弟创造学习机会、深入徒弟课堂听课、带着徒弟进入工作坊活动、搭台子让徒弟做展示等，专业营养不停地输给徒弟，这样高端的培养，带来的是教师高端的发展。

2. 借助各种平台，多锻炼、多展示。

教师专业成长，需要平台。借助各种平台，让不同层次发展中的教师锻炼、展示，从中发现自我、思考自我、提升自我、实现自我。

为教师专业发展，市、区、学区等各级平台都会组织各类教育教学活动，如面向新任教师进行的北京市"启航杯"教学风采展示活动，面向骨干教师开展的"世纪杯"教学竞赛活动、课堂教学展示活动等。在活动中锻炼，是教师专业发展的必经之路。教师只有经历这样的磨砺，才能更好地朝着专业化方向发展。

学校承办北京市九年一贯制德育一体化建设研讨会、海淀区建新优质教育联盟、创教育发展新生态——EASY优质教育联盟现场会等。这些平台在彰显学校特色的同时，更助力教师成长。

利用"中国好教师"行动计划、京津冀教育扶贫等契机，让教师通过送课讲学、送培到校、邀约来访、线上交流等丰富的互访活动，不断锻炼，不断成长。

3.借助多样化活动，展风采，展成果。

教学比武，比理念、比基本功、比技艺、比特色。每学年两次，大、小比武相呼应。"大比武"指课堂教学比武，更体现教师综合技能；"小比武"指某一技能比武，更体现教师专项技能。"小"中寻"大"，"大"中见"小"。初赛在教研组层面进行，复赛在学校层面进行，实现了全员、全过程参与，全方位锻炼与展示，全面总结，整体推进教师专业发展。

教师论坛，论观点、论做法、论成效，这是一个无门槛的论坛。只要教师有想法，有己见，有创新之举，都可以论。每学期初的教师论坛是助力教师专业成长的又一方沃土，更具专业性、研究性。凸显的主题、鲜活的案例、鲜明的观点、准确的结论足见教师扎实的研究、实践、思考、总结，这个过程见证教师专业发展的过程。

教师讲堂与教师论坛不同，是教研组长、骨干教师这些成熟型教师发布教学成果、引领教师教学走向的地方，更具学术性、指导性。论坛与讲堂虽层次不同，但都从不同角度为教师专业发展服务。

课堂教学是教师专业发展的主要阵地。各类教学课成为教师成长的又一舞台。党员示范课，重在发挥党员先锋作用，做示范；骨干教师展示课，重在突出骨干教师的辐射作用，做引领；青年教师汇报课，重在激励教师形成教学个性，展风采；新任教师亮相课，重在引导教师扎实教学基本功，上好一节课。不同类型的教学课，都呈现"备—上—听—评"的过程，教师相互学习、借鉴、汲取，更重要的是在不断打磨、研究、给建议、修改的过程中经历再认识、再实践、再创造的过程，这就是提升与发展。

读书是教师专业成长中不可缺少的内容。为教师买书、推荐书目成为学校的规定动作。《像冠军一样教学》《成长型思维》《核心素养导向的课堂教学》《教师微型课题》等书籍为教师专业发展助力。同时，通过教师读书交流分享活动，交换思想，共同提升，正如萧伯纳所说："如果你有一种思想，我有一种思想，彼此交换，我们每个人都有了两种思想。"

学校遵循"目标规划、外部营造、自我内驱、整体发展"的原则，正引领教师走在专业发展的路上。

四、改进"脊梁管理一体化"质量体系

随着办学规模不断扩大，学校完善了管理体系，在学段管理的基础上，成立了教师与课程发展中心、学生发展中心、教师与学生服务中心，各职能部门管理制度健全，管理职责明确，管理已走向正规化。

学校管理注重常规工作稳扎稳打，重点工作亮点创新，服务工作协调到位，形成网络化、智能化管理。各项工作有计划、有实施、有检查、有措施，体现管理的规范化、精细化、个性化、品质化。

强化干部队伍建设，通过干部例会、经验分享、案例分析、集体学习等方式，提高干部的决策能力、管理能力、执行能力、协调能力、合作能力，形成有凝聚力、战斗力的干部队伍。

体现管理的公开化、透明化，确保"三重一大"决策民主公开。发挥党政主要领导表率带头作用，依法依规进行科学、民主管理，促进学校和谐、健康、优质发展。

第二章 脊梁德育一体化育人体系

    学校为落实"让每一个孩子全面而有个性地成长"的办学理念和实现培育"中国脊梁"的育人目标,在课程设置上,以学校育人目标为导向,探索"脊梁"课程体系,形成年级横向与学段纵向的小初一体化课程方案。根据育人目标学校开设了科学素养、艺术素养、人文素养、健康素养、技术素养五个方向的素养课程,通过课程的实施,助力学生成长为有作为、勇担当、符合新时代要求的创新型人才。

第一节 德育教育

    课程是实现育人目标、突出办学特色的主要载体。因此,学校的课程体系围绕"中国脊梁"具有的五种素养和十种能力的培养为基础,分为"脊梁基础课程""脊梁拓展课程""脊梁综合课程""脊梁卓越能力课程"。其中"脊梁基础课程""脊梁综合课程"面向全体学生,"脊梁拓展课程"面向个性化,"脊梁卓越能力课程"面向有特长的学生。在课程类型上,学校特别关注学生的"尚德"教育,在各类课程中通过课程整合、课堂目标中情感态度价值观的落实凸显德育进课程、进课堂的理念。通过德育教育课程化，看到了学生成长的变化，同时把核心价值观教育、中国传统文化教育、礼仪教育等内容贯通在学校的课程体系中。

一、德育课程体系与学校课程相得益彰

《中小学德育工作指南》提出"严格落实德育课程"和"发挥其他课程德育功能"的要求，学校的具体做法如下：

（一）入境课程

入境课程是规范新入学学生规矩和习惯的课程。特别强调一日生活常规的养成教育，为新生顺利开启在校的学习、生活奠定基础。

每年 8 月底，学校都会为新一年级和七年级开展为期三天的"入境课程"，这是新生入境教育课程的常规学习之旅。全体教师从校园内主要的习惯养成入手，就规则意识、课堂常规、文明如厕、安全接水、"三轻三静"、用餐礼仪，以及"脊梁音量"的级别和用法，去专业教室的注意事项等主题进行分课时讲解，采用实际演示和模仿训练相结合，耐心细致地对新生展开了生动的学生行为规范教育。在不断学习和养成教育的训练中孩子们逐渐融入了学校的生活。

（二）小课程：好习惯课、礼仪课、生活技能课、口语交际课

学校的基础性课程分为国家规定课程和"脊梁拓展"课程。其中脊梁拓展课程有 40 分钟的大课，还有 20 分钟的小课。为了更好地落实党中央和教育部关于中小学培育和践行社会主义核心价值观的具体要求，围绕立德树人根本任务，加强中小学生思想道德教育，培养

学生健康、乐观、向上的品格，养成良好的行为习惯，学校的20分钟小课特设置好习惯课、礼仪课、生活技能课、口语交际课每周各一节，这些课程均在课表中体现。这些小课根据各个学段学生年龄需要，由浅入深、螺旋上升，切实落实好德育课程观。引导学生系好人生的第一粒扣子。

如生活技能课。对于一年级的小学生来说，他们刚刚从熟悉的家庭生活进入比较正规的校园生活。他们的生活、学习、交友等环境都发生了变化。面对这种变化和需要，学校要重新建立一套与之相匹配的规则系统，帮助他们解决成长过程中即将面临的问题。"巧叠衣服大赛""文明如厕比赛""问好礼仪评比""系鞋带擂台赛"等这些看似不起眼的生活细节、技能技巧都会搬进一年级的生活技能课程。每周固定时间一年级组内的老师会教研，根据研讨结果在年级平台上提前发送各自备课的课件、教案，和年级组老师共享资源。而后在课堂上实施技能课程，培养孩子们良好的自理能力和技能技巧。

学校礼仪课程将德育目标按学段从低到高分为三个学段目标，每个学段都要全面系统地实施，旨在培养学生传承中华优秀传统文化的精髓，做到懂礼仪讲文明。各个学段礼仪课程的具体内容、途径和方法，依据不同年龄段学生的认知与实践能力而设计。

（三）节日课程

中华传统节日，国家重大节庆日纪念日和主题教育日，都蕴含着丰富的教育内涵和资源。学校充分利用春节、元宵节、端午节、中秋节、重阳节等中国传统节日和二十四节气，开展热爱祖国文化和中华民族优秀传统的课程，加深学生对民族文化的认同感，领会社会主义核心价值观内涵，激励学生为实现中华民族伟大复兴的中国梦而努力奋斗。

学校设置的节日课程是学生们最喜欢的课程之一。例如：在端午节来临之际，学校会营造浓郁的文化气息。前期，学生在了解端午节起源和文化，缅怀爱国诗人屈原时，会加深对"爱国"的理解。在包粽子、编彩绳、做龙舟、赛龙船等实践体验课程中，学生明白了"公正""平等""和谐""感恩"的重要所在。学校节日课程培育特点鲜明，是对学生进行德育教育的宝贵资源，成效显著。

（四）实践课程

实践课程是一门体育课程，它强调以学生的经验、社会实际需要和问题为核心，以有效地培养和发展学生解决问题能力、综合实践能力为主的课程。学生的"社会主义核心价值观论坛""演讲比赛""春季阅读分享大赛"，都是学校为孩子们搭设的实践展示平台。研学课程更是学生文化探索和体验实践的课程。学校的研学课程是通过集体旅行、集中食宿的方式开展的研究性学习与旅行体验相结合的实践教育课程。学生通过集体出游的形式，用童眼看世界。在游历的过程中，培养学生践行社会主义核心价值观，激发学生对党对国家对人民的热爱之情。

学校根据低中高不同学段学生能力特点，研学地点也有所不同。低年级学段的学生研学的地点主要在北京城内。如金秋博物馆之旅，让孩子们走进博物馆，了解首都的发展与建设。中年级学段的学生除市内的研学外，可在寒暑假开设国内文化研学，让他们感受江南不同的地域文化、悠久的吴越历史，以及古代劳动人民的勤劳与智慧。高学段的学生能力较强，除了国内研学外，还可以踏出国门，进行国外研学，让他们了解异国风情和不同文化，汲取国外优质的学习资源润泽自我。

学校实施的实践课程得到家长们的一致认可。家长们深有感触地谈道："除了父母，估计这一辈子对我家孩子好的就属老师了！研学课程让孩子学会照顾自己，做事还会顾及他们的感受。"是的，研学一方面能够开阔学生视野，培养学生综合素养，更重要的是还能让学生在实践体验的同时，完善道德品质，培养理想人格，提升个人素养。

（五）主题课程

学校每月都有主题课程，这是对学生进行思想道德教育最显著的课程之一。每年3月学校主题为"我和好习惯的约定"；4月主题为"亲近大自然"；5月主题为"我眼中的春色美"；6月主题为"成长收获月"；7月、8月为"快乐假期月"；9月为"好习惯伴我行"；10月为"爱国小脊梁"；11月为"阅读分享月"；12月为"文艺嘉年华"。每月一主题进行教育活动的设计和实施。每一个月主题性课程，有详细的计划，纳入课表。从计划到方案，从方案的规划、资料的收集到过程的实施，从实施效果到感悟分享等都经过精心打磨，寓教于乐。

年级可以利用主题课程进行德育。比如2023年国庆节前夕，中学段各年级在主题课程上进行了爱国主义教育，激发学生的爱国热情，引导学生梳理正确的理想信念和道德追求。同学们首先观看影片《厉害了，我的国》，了解中国改革开放和社会主义现代化建设所取得的伟大成就。观影过后，同学们久久不能平复，各班同学都表达了自己的深切感受。在爱国主题朗诵环节，孩子们积极参与，并将自己在平时的小课中体验到的爱国情怀以多种形式进行了表达，他们自信大方，举止得体，运用自己制作的 PPT 文稿和 EN 软件，伴着优美的音乐诉说着对祖国的爱。

主题课程还可以对学生进行学法指导，端正学习态度，树立良好学风。比如，10 月，四年级进行了"解学习困惑，予学法指导"的主题课程。此次课程旨在解学生学习困惑，予学生学法指导，从而端正学生学习态度，帮助学生掌握有效的学习方法，激励学生勤奋好学。

学校主题课程重视学生学习过程和体验，更注重评价与小结。学生通过每个主题月的学习，得到一种生活积累，更是一种人生积淀。如果教育者只是简单地将结果告诉孩子，这并不是教育的全部意义。教育不是凭空说教，应是一种过程，只有经历这个教育的全过程，孩子才会有所体验；有了体验，才会有所感悟，才会内化，才会有所收获，才会达到教育的真正目的。

二、德育课程与学科整合，挖掘学科育人

德育的落地生根，需要学科这一育人平台做依托。老师们除了积极进行校本研修、参加校本课程的开发建设外，各科教师还开发了像汉字趣谈、绘本制作、数学阅读、数学思维、英语绘本等共 100 余门脊梁拓展课程和校本课程供孩子们选修，目前语文组的老师们已经完成《绘本阅读整合教材》，数学组的老师们已经完成《数学阅读整合教材》，史地政组老师们已经完成《习礼仪》德育校本教材的编写。除此之外，在整合性教学中落实德育育人目标也是学校特色之一，如

语文学科与信息技术学科相整合等。

学校低学段的语文国学课程与信息技术课进行整合。以"童蒙养正"为主题，开设诵读蒙学经典课，以《三字经》为蓝本，讲解中华历史故事，借助信息技术课特点，将动态的视频，姓氏的文化，通过课程讲解给学生，以增强民族自豪感，以及对祖国的热爱。

中学段的国学课程和思想与道德课程进行整合。以"立德树人"为主题，开设《幼学琼林》蒙学经典讲解课程，找准思想与道德课程和语文教学的契合点，使学生在了解中国古代的一些百科知识的同时，懂得做人的道理。

高学段的国学课程与信息技术课进行整合。以修齐治平为主题，借助中高考改革及传统文化进校园的契机，开设以《论语》《孟子》《诗经》为主的儒家经典诵读课程。高学段学生通过文字演变课程，进一步加强对中国传统文化的认同感。将中华传统文化与现代技术需求相结合，将诵读经典与行为实践相结合，知行统一，注重实效。

体育课程，是学生体育锻炼的必修性课程，也是学生心理成长、身体成长发育的依托。通过开展多样的体育课程，在营造健康氛围的同时培养学生勇敢担当、拼搏向上等优秀品质。几年下来，通过课程的引领，教师的教育引导，学生得到了长足发展。

三、德育教育全员化，夯实德育成效

（一）德育队伍建设

学校班主任队伍处在成长期，责任心强，班主任团队精诚团结，勤于学习、善于积累、乐于分享。我们定期将德育课程实验过程中好的做法、经验及体会进行提炼与升华，形成以学生良好行为习惯养成为主题的高质量的教师案例集，促进教师专业成长。我们还会提炼学校在学生行为习惯养成教育中的优秀工作经验与做法，发挥示范效应，为学校班主任做经验介绍，提供借鉴。学校还会组织各方面的力量对学校全体教师进行系列教育、班主任培训、班主任沙龙。寒假，学校会买教育书籍下发给老师们，返校时会举办读书分享会，分享读书心得与体会。每年暑假放假前，老师们会集中在一起进行封闭式学习，每次都邀约多位专家进行讲座，为老师们充电。这些培训讲座已经成为我们学校的固定内容，卓有成效的内容，成为教育的助力，不断推动教师成长。

在德育课程探索中，学校老师们积极总结自己的实践经验，撰写案例、论文，积累教育经验，黄再丽老师撰写的《不断探索，积极进行九年一贯制德育课程建设》、课例《拒绝毒品　让生命之花绽放》以及陈晨《营造生动、主动、灵动的小学品德与社会课堂》获得第七届学习科学研究优秀成果三等奖。黄再丽老师撰写的《体验式教学活动中培养学生良好品德的实验研究》获北京市 2016—2017 学年度基础教育科学研究优秀论文二等奖。除此之外，班主任们每月底总结在育人方面的心得，以"亮点分享"的形式，写成案例，这些案例都来自平时对学生的德育教育与课程之中。在每月初的年级组会时进行分享，这是对老师们工作的鼓励与肯定，他们在不断积累的同时，提升自己的教育经验。

（二）家校合作，助力学生成长

在养成教育的过程中，家庭教育的地位和学校教育的地位同等重要，缺一不可，相辅相成。尤其是在落实层面很大程度上要靠家长的参与，家校携手方能产生教育合力。为了形成家校合力，学校每年3月定期召开校级家长委员会的换届改选，推选出家长们一致认可的家长作为代表委员，开展工作。我们开设家长学校，坚持家访制度，组织亲子活动，开展家长咨询活动、家长会、家长开放日，用好网络交流平台定期交流等，这些活动已将学生行为习惯培养的意识、方法、措施推进到家庭层面并取得了良好效果。

四、新评价方式，助力学生成长

学生评价是教育评价最为重要的组成部分，是核心所在，具有导向和教育作用，为此学校结合九年一贯制评价方案，对学生进行过程性及发展性评价。

（一）发展性评价

发展性评价是一种以学生发展为本，关注学生个体的处境和需求，尊重和体现学生个体差异，面向未来，强调合作和自我完善的一种评价方式，是一种新型的评价类型。学生因其生理和心理上的特点，一些良好行为习惯易产生，也易消退，我们可以通过系统、及时、新颖的评价来促进其良好行为习惯的养成及保持，如学校层面的"行为示范班周评比制度"、少年"脊梁好学生评比"；年级层面的"日常行为量化评比"；班级层面的"脊梁卡奖励制度"；学生层面的"习惯养成反馈表"等，初步构建出对学生行为习惯培养的反馈、评价体系，并收到了良好效果。

模仿是小学生养成良好行为习惯的重要途径，通过给学生树立榜样，可以使养成教育变得"可见、可学、可仿、可行"。学校依托"脊梁卡奖励制度"，在班级层级上实施。学生文明行礼问好、在课间自觉休息、文明如厕、做操规范、集会认真、排队无声、帮助同学等良好的行为表现，老师们都可以奖励孩子一张脊梁卡作为鼓励。除此之外，在课堂上孩子们认真听讲、积极发言、认真评价他人、小组合作团结也会奖励一张小贴画，攒够五张小贴画可以换取一张脊梁卡。

（二）过程性评价

通过入境教育和军事实践活动，我们感受到七年级有很大一部分学生的基础相对薄弱，有部分学生在学习态度上也不够积极主动。大部分学生不能领会"不积跬步，无以至千里；不积小流，无以成江海"这句话的含义，不明白日积月累的重要作用。因此，我们将考试的评价方案制定为：50%过程性评价成绩 +50% 卷面成绩。之所以把过程性评价提高到 50%，就是强调学生在原有基础上的发展和进步，想让学生重视日常获得和积累。每位老师都很认真地记录学生的过程性任务完成情况，然后督促学生将过程性评价的百分比提高。

另外，我们会定期评出过程性评价小榜样进行表彰，也会对一段时间内，过程性评价普遍不太理想的学生进行处罚，当然，我们的处罚方式依然是剥夺学生的自由权，比如，其他学生进行放松的时间，这些学生要到指定地点进行自省，自省的主要内容就是，如何弥补自己的过程性评价成绩，然后将想法付诸实践。自省时间的结束标志是，学生能够将原来"欠下的债"还清，并保持一周内都可以按时完成过程性评价，才可以从自省区离开。只有当学生的自由被剥夺时，他们才有足够大的动力为了获取自由而努力。

（三）个性化评价

学校积极探索和尝试在教师的指导下发展学生自我管理、自主发展的教育管理模式，使学生具有自我主导的自觉意识，主动参与班级管理，成为班级的主人，在自我管理、自我评价中进行自我教育，从而促进知行的统一，养成良好的行为习惯。

Times榜、星级学霸、好习惯小达人等彰显榜样力量。年级在每月夺星榜评价基础上，为做操标兵、习惯达人、学科考试成绩优异者举行隆重颁奖仪式，几十名标兵、达人、小学霸，通过层层选拔，获得荣誉称号。在此基础上，在12月主题性课程中评选出年度70人荣获Times榜学生。他们是全年级200余名学生中的骄傲，是同学们投票选取，身边的榜样，学校为Times榜的每一位荣誉学生制作展板，记录下他们的优点，第二年，他们会参与学生自我管理，在学校每一个角落都可以看到他们身配臂章的身影，真正起到对广大学生的引领示范作用。

学校作为新建校，新任教师居多，经验性教师略显薄弱，而学校校本德育课程的开发需要顶层设计，需要学校领导、专家教师、学者共同参与，携手把社会主义核心价值观引进校本德育课程，研究开发出符合地域特点和自身特点的校本德育课程。

第二节　心理健康教育

学校以习近平新时代中国特色社会主义思想为指导，坚持立德树人、育人为本，结合教育部等17部门联合印发的《全面加强和改进新时代学生心理健康工作专项行动计划（2023—2025年）》、教育部颁布的《关于加强中小学心理健康教育的若干意见》及《中小学心理健康教育指导纲要》、《北京市中小学心理健康教育工作纲要（修订）》、海淀区修订的《全面加强海淀区教育系统心理健康教育工作的指导意见》关于心理健康教育工作纲要性文件精神，根据中小学生心理发展的特点及规律，加强人文关怀和心理疏导，面向全体学生优化心理健康教育服务，通过多种途径扎实开展形式多样的心理健康教育和辅导，帮助学生提高心理素质，健全人格，增强承受挫折、适应环境的能力，促进学生身心和谐、可持续发展，培养德智体美劳全面发展和担当民族复兴大任的时代新人。

一、设置心理健康教育教师岗位，配备专职心理教师

面向全体学生开展心理健康教育。专职心理健康教育教师担任学校心理健康教育活动课的教学工作，以教学班为单位采用心理健康教育活动课或团体心理辅导活动等形式进行。学校在全年级开设心理健康课，其中六、七年级每周一次心理课，由专职心理教师上课。其他年级每班两周上一次心理课，根据学生心理发展的特点和规律，结合学校实际情况，由专职心理教师和班主任设计不同主题的心理健康教育课。

为有需要的学生提供心理咨询。专职心理健康教育教师每周在心理咨询室值班不少于5小时，学校个体心理咨询室周一至周五每天12：40—13：20、16：20—17：00准时开放，专职心理教师按时值班，对前来咨询的学生及时进行心理辅导，帮助学生排解心理困惑或障碍；对问题严重的学生要及时转送专业心理咨询机构进行治疗。在心理咨询工作中，专职心理教师要做好来访学生的接待、咨询、咨询记录和个案分析，建立心理咨询档案，并做好跟踪。

组织班主任开展学生心理状况分析。专职心理健康教育教师负责组织班主任开展学生心理状况分析活动和学生个案分析活动，在学校心理健康教育中起引领作用。

协助学校和班主任开展家庭教育工作。专职心理健康教育教师协助学校和班主任为家长提供心理健康教育讲座和心理咨询服务。

二、建立心理咨询室

学校将个体心理咨询室命名为"阳光心语小屋"，将团体心理辅导室命名为"成长加油站"，为学生提供个性心理问题辅导的区域，包括沙盘游戏辅导区、情绪发泄区、一对一交流区、乐高墙创意区、攀岩墙体验区、绘画涂鸦区。"阳光心语小屋"和"成长加油站"是培养学生健全人格与健康心理的重要基地，也是学生心灵的家园。

三、开展心理健康活动课

学校心理健康教育的形式和途径丰富而多样，心理健康教育活动课作为心理健康教育的主渠道，可以大面积地使每一个学生最直接、最快捷地接受心理健康教育，对学生的心理产生最为直接的影响。心理活动的开发，要充分考虑学生的心理特点，综合考虑学生不同年级、不同层次、不同需求，开发出适合学生的心理辅导活动系列课程。学校根据教育部颁发的《中小学心理健康教育指导纲要》，结合学校实际学情，形成了系统的心理辅导活动课程体系。

表1　学校心理辅导活动课程体系

主题	年级	课程
认识自我	低学段	《我就是我》
		《我喜欢我自己》
人际关系	低学段	《认识我的同学们》
		《让我们做朋友吧》
		《如果我是他》
学会学习	低学段	《学习的乐趣》
		《我也能举手发言》
		《学会问"为什么"》
情绪管理	低学段	《我的晴雨表》
		《情绪小怪兽》
		《情绪调节师》
自我保护	中学段	《健康上网快乐多》
		《科学用脑》
		《不期而遇的突发事件》
小小公民	中学段	《小小志愿者》
		《做负责任的公民》
		《集体以我为荣》
学会学习	中学段	《记忆妙方》
		《勤于动脑》
		《让思维做体操》
情绪管理	中学段	《克服"坏脾气"》
		《微笑面对每一天》
		《你快乐，我快乐》

续表

主题	年级	课程
情绪管理	高学段	《"看见"情绪》
		《让情绪"说话"》
		《与情绪"对话"》
学会学习	高学段	《HOLD住我的时间》
		《提升我的自控力》
		《合理归因话学习》
人际交往	高学段	《换位思考　理解他人》
		《花与草的对话》
		《沟通你我，拥抱快乐》
自我认识	高学段	《我很特别》
		《现实自我和理想自我》
		《了解自我　悦纳自我》
生命教育	高学段	《一颗种子的旅行》
		《我们的生命列车》
		《珍惜生命　心向未来》

四、班级心理委员制度的运行

每班配备心理委员1名。选拔标准：（1）在同学中有较好的群众基础和良好的人际关系，乐于助人，有奉献精神。（2）关心集体、关心同学，热心班级心理健康工作，具有服务意识。（3）为人开朗、乐观，心理健康状况良好，具有良好的心理素质。（4）善于与人沟通，具备一定的语言表达能力。（5）具备一定的组织、协调能力。（6）个性沉稳，善于合作，善解人意，有敏锐的观察力。（7）对心理学比较感兴趣。（8）责任心强，具有良好的道德品质，能严格遵循心理健康教育工作中的保密原则。

心理委员的职责：（1）积极宣传心理健康知识；（2）准时参加成长加油站定期召开的心理委员例会和培训，不断充实提高自己的心理学知识，以提升自己的服务水平；（3）对心理课内容提供建议以及反馈，推进心理课的质量提升；（4）配合成长加油站开展有关心理健康方面的活动，做心理老师的得力助手；（5）对心理有困惑的同学能做到及时发现，可适当沟通、耐心开导，帮助其走出困境。对于困扰较大的同学，劝其找心理老师或班主任；（6）当本班同学中出现下列心理危机突发事件，应准确、迅速、及时地上报给班主任或心理老师：①学习压力大，学习困难而出现心理异常的学生；②个人受挫后出现心理或行为异常的学生；③人际关系失调后出现心理异常的学生；④性格过于内向、孤僻，缺乏社会支持的学生；⑤严重环境适应不良导致心理或行为异常的学生；⑥家庭贫困，负担重、深感自卑的学生；⑦由于身边的同学出现个体危机状况而受到影响，产生恐惧、担心、焦虑、困扰的学生。

五、全面摸排，建立特需学生心理档案

在学期伊始，以班级为单位，由班主任对全班同学进行初步摸排，根据学生情况、师生关系、生生关系、家校关系、亲子关系等几个维度，按照学生的特殊情况，对学生进行摸排。将学生心理问题划分为以下几个类别和等级。

表2 学生心理问题类别及风险等级

类别	主要表现	风险等级
1	诊断患有多动症、注意力不集中的学生	I
2	诊断患有抑郁、焦虑、双向情感障碍、恐怖症、强迫症、焦虑症、精神分裂症等精神类疾病的学生	III
3	未去医院诊断，但孩子性格内向，没有朋友，不爱表达，有自残、抑郁、焦虑倾向的学生	II
4	存在诸如学业失败、躯体疾病、家庭变故、人际冲突等明显的动机冲突或突遭重创者，长期处于悲伤、失落等消极抑郁情绪的学生	II
5	性格过于内向、孤僻、认知偏激、缺乏社会支持的学生	II
6	性格偏执，有明显的攻击性行为或暴力倾向，或其他可能对自身、他人、社会造成危害，与家长或教师有过争执，关系不睦的学生	I
7	家长过度焦虑，与学生无法正常沟通，亲子关系十分紧张的学生	III
8	学生的亲密关系或秘密曾被曝光，存有心理阴影的学生	II
9	家长要求过高，学业压力过大，学习困难，出现心理异常的学生	I
10	过度迷恋网络、网络成瘾的学生	II
11	患有严重疾病、个人很痛苦、治疗周期长的学生	I
12	家庭经济贫困、负担重、深感自卑的学生	I
13	人际关系失调后出现心理或行为异常的学生	II
14	有强烈的罪恶感、缺陷感、自我价值观缺失和不安全感的学生	II
15	其他有情绪困扰、行为异常的学生	

各班班主任初步筛查后，报各年级组长，进行进一步情况说明与沟通，年级组长根据学生行为及事件，判断学生是否属于需重点关注人群，将需重点关注的学生在年级进行备案，填写特需学生备案表，各年级以年级为单位上报各学段学生发展中心。

学段对需重点关注的学生逐一进行个体分析，针对学生不同情况形成谈话方案，由学段主任、专职心理老师、年级组长、班主任组成专职团队，对学生进行一对一谈话，填写谈话记录单，注重过程性留痕。对于需要与家长沟通的学生情况，第一时间约谈家长，与家长保持密切联系。

对近期发出以上警示信号的学生，应作为心理危机的重点干预对象，及时进行危机评估和干预，及时上报年级、学段和学校。

六、设立三级辅导体制，成立鸡汤导师组

初级预防，协助提升学生正向思考、情绪与压力管理、行为调控、人际互动以及生涯发展，以促进全体学生心理健康与社会适应。导师职责：收集并建立学生基本资料，充分了解学生，包括学生既往疾病史以及家族是否有对应的心理疾病史，如有发现要密切观察。了解每位学生的生活状况、学习情形及行为表现，并观察辨识学生行为，在重要时间节点与每位学生进行谈心谈话，每学期至少一次，并填写沟通记录表。与学生家长联系，进行家庭访问及家长座谈。配合班主任及心理老师处理班级个案。参与个案辅导会议。

二级预防，协助早期发现高关怀群，协助早期介入辅导。导师职责：将高危学生交给心理老师，并提供必要的基本情况。咨询期间反馈产生的变化。告知家长学生进行个案咨询，引导家长配合学校工作。

三级预防，针对偏差行为及严重适应困难学生，协助整合专业辅导人力、医疗资源，进行专业辅导及治疗。在学生问题发生后，协助危机处理与善后处理，并预防问题再发生。导师职责：如遇突发情况，第一时间将情况上报校方领导、家长并及时报警。事后协助心理

教师做好班级同学的精神安抚工作。在学生的康复期间导师也要密切留意学生的情况，避免给学生精神刺激，引导同班级同学正确看待精神疾病。

七、心理健康月丰富学生内心世界

活动是教育的必需，是师生生命成长的必需，是让教育悄然发生变化的催化剂，所以丰富的心理活动是学校心理健康教育整个体系中的重要构成，学校要为学生搭建多个交流平台，创设心理情境，让学生在活动中感悟和体验成长。学校通过举办心理健康月活动，让学生在活动中开阔视野、丰富阅历，增加心理健康知识，增强心理调控能力，形成积极阳光的心态。

每年的5月25日是我国的"学生心理健康日"，"5·25"谐音"我爱我"，意为要认识自我，接纳自我，爱惜自我，肯定自我的存在价值，关爱自己及他人的心理健康和成长。围绕"我爱我"这一主题，学校开展了"关爱自我心灵　阳光伴我成长"的心理健康月系列活动，包括心理主题班会、心理小报设计比赛、心理专家讲座、心理视频赏析、"我笑起来真好看"健康笑脸墙等一系列丰富多样、参与性强的活动，此次活动在全体师生的共同努力和积极配合下取得了圆满的成功。

八、关注教师心理健康，播种幸福教育

教师是一种特殊的职业，正如雅斯贝尔斯告诉我们的："教育意味着一棵树摇动另一棵树，一朵云推动另一朵云，一个灵魂唤醒另一

个灵魂。"教师工作的这一特殊性决定了教师心理素质的重要性。随着时代的发展，社会对教师提出了新的要求，教师承担的角色日趋复杂，教学任务、升学压力、社会与学生家长的期望等诸多因素的影响，增加了教师的工作强度和职业压力，教师会出现不同程度的心理问题，但教师职业的特殊性又要求教师必须是心理健康的人，因为教师的一言一行在学生心目中将产生重大而深远的影响。这就要求教师不仅要用高超的教学艺术去培养学生的智力，更重要的是要以高尚的师德和良好的心理素质去感染和熏陶学生，而高尚的师德和良好的心理素质源于健康的心理。教师是幸福的职业，让教师在工作中体验到幸福感，不仅是学生快乐成长的保证，也是教师自身发展的愿望，更是教育事业发展的需要。因此，学校非常关注教师心理健康，定期邀请专家为老师们进行心理健康培训。

九、家校联动丰富心理健康教育资源

家庭教育是教育体系的一个重要组成部分，是一个人走向社会之前所要经历的一个重要阶段。家庭教育对于一个人来说，是最早的教育和最初的教育；对于教育的系统来说，又是整个教育中最基本的教育，是一切教育的基础和起点，是教育之源。一个孩子教育得成功，首先应来自家庭，而且应来自科学的家庭教育。一个学校的教育成功，必须依托于学校、家庭、社会三方面力量，只有形成教育合力，才能为孩子健康发展提供良好的成长环境。实践证明，在青少年心理发展过程中，家庭教育的影响更持久、更深远。同时，青少年非常渴望和家长进行平等的沟通，也热切希望自己的种种言行能得到家长的理解和帮助,更希望在出现心理危机时有来自家庭的亲情安慰。所以,为了使学校的心理健康教育工作更具时效性,还应该采取多种措施提高学生家长的综合素质,引领其不断掌握心理健康的相关知识,让家长懂得实施家庭心理健康教育的技巧,掌握科学的教育方式。因此,学校开办了家长学校,成立相应的工作机构,制订工作计划,确定任课教师,出台相关制度,力求各项活动有部署、有检查、有落实,促进广大家长育人水平的提高。

1. 请专家到校给家长集中授课。邀请中学生心理健康教育专家到学校,集中为学生家长传授心理健康教育知识。

2. 把学生家长会开成培训会。这不仅是一项工作创新,更是一种理念的转变,以此引领家长转变观念,科学解决学生的心理问题。

3. 面向社会各界征聘客座讲师。利用丰富的社会资源,把全新的家庭心理健康教育理念植入学生家长的心中,引领家长素质的提高。

4. 家长进课堂为学生上德育课。学生家长到校开设讲座,促进了家长育人水平的提升。

5. 邀请家长到学校听课和评课。让家长走进课堂与孩子和教师"零距离"接触,既可提高课堂教学质量,促进教师的专业成长,还可拉近家长与孩子的心灵距离,使家庭心理健康教育变得更加和谐。

6. 邀请家长参与学生德育活动。让家长亲身感受孩子的成长过程,在亲子之间架起一座沟通的桥梁,使学生在情感共鸣中获得成长。

7. 定期举办家庭教育主题论坛。论坛上,或由学校教师结合学生在校期间普遍存在的问题,以授课的方式向家长传授家庭教育方法,或者邀请部分家长以报告的形式和参与的家长进行经验交流，引导家长掌握科学的家庭教育方法。

通过各种活动与宣传，不仅可以让家长们认识到学校心理健康教育工作的重要性，而且可以极大地提高家长的心育水平，打破家长那种只要分数的旧框框，让家长摆脱"学习好就是发展得好"的旧观念束缚，有效建立现代的、科学的人才观，从而开创家校合作的崭新局面。

第三节　科技教育

社会的发展、人类的进步，使我们深刻地感受到大到一个国家的发展，小到最普通的老百姓的生活都离不开科技的力量。习近平总书记在全国科技创新大会、两院院士大会和中国科协第九次全国代表大会上发表的重要讲话中谈到，科技是国之利器，国家赖之以强，企业赖之以赢，人民生活赖之以好。中国要强，中国人民生活要好，必须有强大科技。作为教育人我们不忘初心，牢记使命，把培养合格的社会主义建设者和接班人作为我们的任务，国家需要科技人才，公民需要提升科学素养，作为基础教育的实践者，开展科技教育、培养科学人才是我们义不容辞的责任和担当。

学校科技教育的理念是面向全体学生，让每一个学生都能在不同课型、不同活动中提升科学素养，培养创新精神和实践能力。科技教育的目标是创新发展具有学校特色的科技教育模式。为此，学校开发"科技脊梁课程"，开创"创客实验室""科学家会客室"，成立"科技教育中心",积极开展科技社团活动,并依托集团优势,建立资源共享、课程共享、活动共享的"科技教育协作体"。同时,根据学校办学性质与周边科技园开展深度合作,与手拉手学校、科研院所开展科技活动,为学生科学志趣的发展提供载体。

一、组织管理

（一）组织机构健全,高效开展科技教育

学校办学具有以下特点:集团化办学的独立法人校、九年一贯制学校按照学段管理、成立特色管理中心、建设发展中的学校等。结合学校目前的特点,学校合理使用人力资源、做到分工精细、明确,形成了围绕二十中教育集团科技教育协作体,内涵学校科技教育中心、课程与教师发展中心、学生发展中心、服务中心协作,学段的高效的组织团队。

科技教育工作组领导小组组长由鲁爱茹校长担任,领导多部门相互协作,全面引领学校科技教育工作,深入指导具体工作,统筹协调各部门间安排。

执行组长由学校负责科技工作的陈晨主任、刘稳主任担任,全面统筹科技工作发展与计划、各项保障制度与经费、人员管理与落实、科技教育工作实施与评价、特色探索等。

➤ 课程与教师发展中心负责学校科技教育课程体系的建设、实施与评价;教师评聘、考核;教师培训与教研活动的管理;重大科技竞赛管理。

➤ 科技教育中心负责学校校外教育资源的管理,外聘科技专家的聘任、脊梁会客厅专家库人员管理，校外教育机构对接与管理。

➢ 学生发展中心负责学校科技社团组建、选拔、管理与考核，各大科技类赛事动员。

➢ 服务中心负责科技活动安全保障、科技教室建设与管理、科技设施设备采购与资产管理，科技课程、活动信息化支持与保障。

➢ 各学段年级负责配合学校各项科技课程、活动有序开展，家长、家委会成员管理。

（二）制度建设完善，确保工作稳步发展

为保障科技教育的落地和实效，学校在建设发展的 6 年中，根据学校发展的规模和实际情况，逐年完善专项工作的制度建设，并按照《中小学档案管理规定》进行归档，纳入学校整体制度汇编。

从 2014 年在科技方面的制度只有两项，到 2020 年已经出台了 13 项。制度涉及工作职责、支持保障、教师待遇、教育实施、评价与奖励 5 个方面，从人、财、物 3 个层面对学校科技工作的发展提出相应要求，保障科技教育工作有序、有效开展。

（三）工作管理规范，定期梳理计划总结

在培育中国"脊梁"的育人目标指导下，在学校第一个五年发展规划及第二个五年发展规划基础上，出台了学校科技教育工作的发展规划。规划中明确了科技教育的培养目标，即"让学生做一个至诚的问题发现者、做一个惟正的科学参与者，做一个用科学知识解决生活中的科学问题的实践者"。规划中明确了科学素养的实施路径及方式，明确了科技教育的目标定位：夯实基础、稳步推进、逐年提升、形成特色。

二、支持保障

（一）经费保障充足，精准投入合理支出

自 2014 年建校以来，学校学生人数从 2014 年的 146 名，通过 6 年时间发展到今天的 2206 名。从学校的资金保障、人财物的配置，到学校的各种特色教室的建设，市区级领导都给予大力支持。经费的支持与保障是学校开展好科技教育工作的前提。为了保证学校科技工作持续发展，上级部门和学校对科技工作有持续、稳定的经费投入，根据实际需求，学校合理分配，保障科技教育的硬件投入、软件投入及实践活动等工作的投入。例如实验室的建设、环境建设；购置各项用于学科教育及专项课程的仪器设备；教师的培训；校外优质精品课程、专家服务的购买；各类课程、实践活动的开展。

学校用于科技教育的经费来源是学校办公经费及专项经费。固定经费为每年 30 万元，近 3 年合计 509.93 万元。其中实验室建设与设施设备购置占比较大，凸显新建校特点。经费由团队共同使用，专人负责预算管理、支出管理，有监管、验收流程，确保国家财政资金得到有效、合理使用。

（二）师资力量雄厚，保障科技教育持续发展

1. 专业的科技教育队伍。

目前有校内专兼职科技教师 23 名，其中 8 名教师是来自科技教育协作体的区级学科带头人、骨干教师。其他科技教师有高级教师 1 人，区级学科带头人 1 人，校级骨干教师 2 人，科技教师中研究生占比 73.3%，具有很强的教育科研能力。学校还聘有校外兼职科技教师

数名，有来自航天城、中科院、科技馆等国家科技单位的专家学者，有来自腾讯集团等高新技术企业的技术研发人员。他们定期来学校授课、讲座和做课题学术指导。

2.加强科技教师培训进修，促进教师的专业发展。

学校有计划地定期组织安排老师们参加专兼职科技教育相关的培训，指导学生科技活动。同时面向全体教师开展科技教育培训，如高新科学技术体验等。针对学生竞赛进行培训，如机器人竞赛教师培训、青少年科技创新大赛、金鹏科技论坛、STEAM+创新教育、电子信息与智能控制、DI创新思维竞赛、创客秀、无线电测向业余电台竞赛、北京市中小学生自然知识竞赛、天文竞赛等。

3.组织专家培训活动及外出参观学习。

学校定期组织科技联盟体教研、校外专家指导、外出参观学习等课程开发培训活动，指导教师开发、开设校本科技课程、提升学生科技活动水平。2017—2020年参加外出培训11次，保障了科技工作的可持续发展。

4.科技教育中心负责教师课题研究的指导。

以科研课题引领科技教育，学校在近3年立项了多个与科技教学相关的课题。3年来，学校参加了科技协作体校长委托课题"学校创新型人才培养模式的实验探究"，于2018—2019年完成"小学STEAM教学模式与教学策略研究"；计划于2019—2022年完成"新中考背景下科学素质九年贯通培养的实践与研究"。

（三）物质条件优越，满足学生学习需求

学校占地40亩，建筑面积4万多平方米。目前两栋教学楼、一栋综合楼、一座体育馆，用于学校师生开展各类教育教学活动。

为不断满足学校科技教育的发展需求，给学生提供专业的培训基地，学校依据科技教育规划逐步筹建、更新、改造专业教室。现有生命科学实验室 1 间，机器人教室 2 间，科学教室 1 间，创客教室 1 间，物理、化学专业工作室各 1 间，计算机互联网教室 3 间，创客开放空间 1 个。基本满足学生参与科技活动的需求。

（四）校外资源丰富，有效补充课程资源

1. "脊梁会客厅"科学家课程，做好科普教育讲座。

为了拓展学生视野，激发对科学领域探索的兴趣。学校发动社会资源，开展"脊梁会客厅"科学家课程教育活动。邀请来自中科院国家天文台、中科院植物研究所等各领域的专家进校，面向全校师生，开展科普讲座。例如：学校邀请钱学森教授弟子、中国空间机电研究院技术研究员、北京航空航天大学兼职教授李颐黎爷爷为学生开展了"圆梦天宫——解读神舟十一号载人飞船和天宫二号空间实验室"主题报告。

2. 利用丰富的社会资源，开拓学生视野体验科技。

学校与中国航天员科研训练中心、上地科技园区、东升科技园区、北京天文台、北京教学植物园等科研机构合作，将其作为学校教师专业培训和学生科技教育实践基地，每学期为师生组织科学参观交流、开展科普活动、科学实践活动、校本课程开发、研究性学习课题指导、个性化创新培养等。

3. 借助科技教育协作体丰富教学资源，开展科技教育。

作为科技教育协作体的成员之一，学校利用协作体丰富的教育资源和办学力量开展科技教育活动。新冠疫情期间，借助科技教育协作体丰富的在线科学课程，开展科技教育活动，学生居家学习参与热情极高。

三、实施渠道

学校科技教育工作坚持"面向全体、突出重点、注重实效"的原则，紧密围绕学校九年一贯制"脊梁"特色课程体系发展。由"课程"引导，逐渐形成了"抓普及、促提高、互促协进"的教育模式。注重实效，活动不走过场，校内与校外相结合。

（一）学科渗透

科技已渗透到当今社会的各个领域。科技普及教育是包含在学科知识教育之中的，每一门学科都包含着科技普及的内容，它们是密不可分的。因此，学校把科普教育列为素质教育的重要内容，贯穿于整个教育过程之中。全学科贯穿科学意识，有机渗透整合。例如在数学课上，数学教研组带领四年级学生利用项目式学习方式开展小课题研究——"滴水实验"。学生经历实验、预测、调查、访谈、比较等过程，了解预测一个滴水的水龙头滴水会浪费多少水的办法，并能从数学和科学的角度（如调查、计算）分析一个滴水的水龙头所漏掉的水的价值，体验节约用水的重要性。在这个过程中，学生经历综合运用科学知识和多种方法解决问题的过程，提升自主探究能力、小组合作交流能力，培养应用、创新意识和实践能力。初步感受研究问题的基本方法，学习从数学的角度分析生活中的很多常见问题，培养学生科学研究意识。

（二）围绕"脊梁"特色课程体系发展

学校紧密围绕九年一贯制"脊梁"特色课程体系发展，坚持以学生为主体，发挥贯通培育优势，从学生整体发展水平出发，打造科技教育系列课程。

1.脊梁科技基础性课程。

面向全体学生，按国家要求开齐、开全基础性课程，包括小学科学，初中物理、化学、生物、信息技术、劳动技术等国家课程。国家课程中的科技类课程教授基本的科学知识，注重知识的创造与发现过程，鼓励和激发学生的探究意识、创新精神，培养学生的科学精神和实践中学习的能力，此类课程促进学生的全面发展，形成学生必备的综合素养，是各课程领域重点优化的核心课程。脊梁科技基础性课程还包括科学探索之项目式学习课程，高学段"生命探索""身边的化学物质的探索"等校本课程。校本课程的实施实行"分层教学、走班上课"的多元化教学组织形式。两类课程相结合，激发学生对科技类知识的好奇心和求知欲。

2.脊梁科技拓展课程。

拓展应用类课程是满足学生兴趣需要的拓展应用类课程群。面向不同学生群体开设的各类选修课程、活动课程、社团课程等。此类课程既可以开拓学生视野，提升学生的综合素养，又可以激发兴趣，发展学生的特长和潜能。

拓展应用类课程立足培养学生科技特长、开发学生科技潜力。学生通过数字校园平台提交选课志愿，课程管理中心根据学生选课的结果进行合理安排，实行"全员走班制"教学组织形式。

学校主动调动教师的积极性，开设有走进机器人、智能控制、电子技术、电脑绘画、创意设计、化学与食品、植物组织培养、地球与宇宙、电脑平面设计、算法与程序设计等十几门科技选修课。

学校还面向全体学生开设研学项目课程，定位为多学科融合、形式多样、内容丰富的体验课程，如博物馆参观、园林考察、人文和自然环境的考察游览活动。通过研学活动，学生拓展了视野，提升了能力，感受到了融入团队、体现自我价值的意义。

在工作中，我们发现小课题研究及科学小发明是培养学生创新精神与实践能力的良好载体。我们尝试将小课题研究与科技创新整合，鼓励学生把小课题研究的内容进行动手实践，形成科学作品。

由学校社团同学组成的研究小组发现生活中妈妈清洗莲藕不方便的问题，从而展开研究。小组在老师的指导下确定研究内容及目标，经历设计与制作、测试与改进等过程，最终完成创意小发明"莲藕清洗刀"的制作，并形成研究报告。学生在这一研究过程中，体验科学研究的严谨。该研究成果荣获北京市金鹏科技论坛三等奖。

3.脊梁科技综合性课程。

打造促进学生多元、个性发展的综合性课程，主要以科技类活动的形式开展，课程包括：主题课程、能力课程、科学家课程、研学课程、体验课程等。目的在于通过学生亲身尝试，丰富直接经验，增强学生的学习获得感和成就感。

主题课程：创建"品牌活动主题"。在春季清明前后，全校开展植物种植主题课程，带领学生走进春天的校园，让其亲手在学校种植下一片绿色。类似主题课程，已逐渐成为每年规定动作。结合市、区级竞赛活动要求，在每年 4 月，开展纸飞机、航模；每年 11 月，开展建模比赛；12 月，开展"小发明小制作"竞赛活动。竞赛活动后，还会组织优秀成果展览。

科学家课程：邀请校外专家进校，为学生开办讲座。研学课程是带学生走出校园，走入"社会大课堂"。"请进来、走出去"的课程形式，极大地开拓了学生的视野，激发了学生学习科学的兴趣。

体验课程：以科技节、冬令营为主要形式。为提升学生科学素养，培养创新精神，增强动手操作能力，学校每年举办一次大型科技节、一次冬令营活动。在 2019 年 11 月 11 日—2019 年 11 月 15 日期间举办的"智能新时代，科技赢未来"主题科技节系列活动中，学生现场体验了包括人形机器人、机甲大师、无人机阵列飞行、3D 打印、VR 蛋椅体验、智能家居初体验、汉诺塔机器人、脑电波对抗、Xbox360 体感游戏体验等在内的 15 个项目，学生在学中玩，在乐中学，惊叹于科技的飞速发展。

近 3 年，主题课程、科学家课程、研学课程、能力课程、冬令营以及科技节，共开展活动 65 次，涉及天文、生命科学、电子与信息技术、地球与环境、模型、机器人、创意与发明各个领域。

4.卓越能力课程。

以培养该领域的卓越人才而开展的社团类课程。社团成员来自拓展课程中表现突出的学生及对该领域充满兴趣的学生。在完成的社团课程体系下开展活动和培训，并取得了一定的成绩。目前学校具有的科技类社团有：机器人社团（基础班、进阶班、高级班）、信息技术社团（基础班、进阶班）、电脑绘画社团、航模社团。社团涉及学生

200 余人，有专门教师负责训练和管理活动。

5.科技类课程评价方式立体多元。

科技类课程评价方式包含过程性评价、展示性评价、终结性评价等。在过程性评价中注重对学生实践过程的观察和记录，课上参与情况的反馈等。展示性评价则注重学生作品的呈现，将学生的科技类作品在校园显著位置进行展示，或者召开成果发布会，让学生成为小小科学家，讲述自己的研究过程。终结性评价则注重报告、论文、作品等的呈现及学生科技类素养的提升。

通过近几年的探索与努力，不断完善基础性课程，开发拓展性课程和综合性课程，研究卓越能力课程。该课程体系，激发了学生的创新意识，培养了学生的创新精神，提升了学生的创新能力，最重要的是增强了学生自主创新的自信心。

（三）环境建设

培养学生的科技素养是一个漫长的过程，既要有相应的科技类课程，也不能忽视环境育人的效果。因此，学校在校园环境建设上大力引进科技元素，将校园打造成一个科技氛围浓厚的学习场所。

1.校园文化墙——行走的科技元素。

当我们漫步在校园中，随时就能看到校园文化墙上关于科技元素的展示。如学校的校训墙，展示的是活字印刷术，彰显古代的科学力量。在楼梯的拐角处，展示科学名言，凸显科学精神。楼道的墙面上，展示的是科学道具，体现科学认识。楼宇的门厅上，展示的是科技壁画，引领学生对科学的向往……

2. 科普展板 —— 普及科学知识。

为进一步普及科学知识，引导学生崇尚科学精神、体验高新科技成果、感悟科学魅力，学校定期利用展板普及各类科学知识和最新科技成果。

3. 成果展示 —— 提升科技素养。

学生的作品、成果是对学校科技培养效果的显性反映，也能起到教育、引导的目的。为了增强学生的学习成就感，引导更多的同学热爱科技，学校每年都会举办小发明小制作展览、建模比赛作品展览、科幻画展等。

四、创新与特色

站在巨人的肩膀上，可以看得更远，充分利用集团优势，利用科技教育协作体资源，发展新建校科技教育。依托集团优势，在科技教育协作体里建立资源共享、课程共享、活动共享的样态。作为九年一贯制学校，在学校的日常教学中，很多教师都是跨段、跨年级教学，八年级的物理教师同时也是六年级的科学教师。作为高段的物化生教师明确知道本学科在科学素养和能力上对于学生的要求，因此便可以在课程设计上进行调整。在低、中段的教学中渗透、培养学生的相关素养和能力，为升入高段做准备，使其能更顺利地从科学的学习进入学科的学习。除此之外，在日常的教学中还可以对学生进行长期追踪，发掘学生的科学特长和兴趣，进行有针对性的追踪指导。在全体学生科学素养普遍提升的同时，更能让某些对科技有兴趣和求知欲望的同学得到有深度的发展。

对于九年一贯制学校，如何合理利用时间，整合教学内容，培养学生科学素养，是科学教师需要思考和解决的问题。因此，学校教师根据学生科学素养现状，以学生发展核心素养的培养为导向，申请青年专项课题《新中考背景下科学素养九年贯通培养的实践与研究》。期望用课题引领教师，探索出适合九年一贯制学校实行的培养学生科学素养的教学模式。目前课题已经完成开题立项、查阅和收集相关资料、高学段物化生等学科学生发展核心素养的拆分、知识内容的整合等前期准备工作，之后我们将开展学生的前测工作，为后续课程实施效果的评价提供支撑。在课题实施过程中，我们也会有计划地进行精品课例的收集，既是课题研究的成果，同时，也想通过我们的研究，能够给其他的九年一贯制学校提供可借鉴的材料。大家一起思考，互相借鉴，共同探索。

学校科技社团建设得益于九年贯通体制，从低、中、高三个学段对学生的科技水平进行有层次的连续培养，使学生能够在兴趣道路上有长足发展。以 WER 机器人社团为例，通过脊梁课程从低段对学生进行遴选，吸纳对计算机、编程技术、智能搭建等方面有兴趣、动手能力强的学生到社团中来，以脊梁课的形式进行社团活动，使学生对编程和搭建有基础认识；在社团学生升入中段后，随着学习深度的增加，对有深度兴趣的社团成员逐渐开始团队能力的培养，这主要体现在课程的实施中，以小组为单位进行授课，组内成员有分工有合作，使学生在各自擅长的领域中取得进一步的发展，同时形成不同小组之间的良性竞争机制，更加有助于学生逐步完成自主探索与提升；在学生进入高段学习后，对一直有强烈学习兴趣且学习基础良好的学生，开始卓越能力课程的培养，深化学习内容、增加训练强度，并借助优良社会资源，参与各级各类比赛，借助各大赛事契机为学生在专业领域的发展取得长足进步。在卓越能力课程培养下，学校学生在机器人竞赛领域多次获得市区各级青少年机器人竞赛冠军，尤其是在 2018 年、2019 年中国青少年机器人竞赛国赛项目中荣获金牌。同时也带动全校学生对相关领域的了解与学习，形成良性循环，为学校以及市区各级科技教育增添活力。

五、教育成效

（一）学生学习成果丰富多样，做全面发展的脊梁小少年

成果是学生积极参与的奖励，更是学校全面办学的体现。学校积极鼓励学生参与各类科技竞赛和展示活动并取得了优异的成绩，如在全国青少年机器人竞赛、北京市中小学师生作品评选活动等各项科技类竞赛中，三年间共获得了 2 次全国一等奖，2 次北京市一等奖，7 次北京市二等奖以及其他奖项 20 余次；机器人社团的张子达、李目两名同学以优异的成绩分别考入人大附中、清华附中。

（二）科技教师成果丰硕，教科研实力不断提高

近年来，学校科技教师能力取得了长足的进步，他们在学校的大力支持下指导学生取得各项成果，陈晨撰写的《开展项目式学习，提升学科核心素养》荣获北京市"智慧教师"教育教学研究成果二等奖；9 位科技教师多次在科技活动中指导学生获奖，并获得优秀指导教师以及优秀辅导教师称号。

（三）学校教学成果喜人，科技教育水平不断提升

在学校领导的支持、科技教师和学生的共同努力下，学校在 2017 年获得北京市教育委员会颁发的科技节中小学观鸟赛优秀组织奖，2017—2020 年多次获得"优秀组织奖"。

六、辐射作用

（一）探索辐射带动，在交流中共促共进

学区内发挥影响，带动区域科技教育发展。学校的科技课程覆盖全面，课程丰富，在西三旗学区倡导的学区内、学区间优质课程资源共享的理念下，在二十中学附属实验学校"小、初、高"一体化育人模式培养创新实验课题的指导下，为了起到更好的模范带头作用，学校开展脊梁辐射课程，覆盖周边清河学区、西三旗学区的多所学校。2017—2019 年，每年向育鹰小学、清河四小、海淀实验二小、石油实验小学等学校开设了 20 门科技课程。脊梁辐射课程的开设进一步增加了学生对科技课程的兴趣，为地区学生步入科技大门做好引领和铺垫。学校还与石油学院附属实验小学、育鹰小学建立"EASY 优质教育联盟"。为展示联盟校课程建设成果，推广新优质学校联盟建设探索经验，促进项目校之间的交流与学习，2019 年 5 月 24 日上午，在学校召开"建新优质教育联盟　创教育发展新生态——EASY 优质教育联盟"现场会。会上，校长对"EASY 优质教育联盟"关于科技教育工作好的方法做了交流汇报。

积极响应国家政策，为贫困地区手拉手学校传递经验做法。为推动优质教育资源均衡发展，学校的课程辐射从北京走向了全国，学校

先后与河北省赤城县后城镇九年一贯制学校、河北省易县易州九年一贯制学校建立了"手拉手"合作校关系，与广东惠州一中等多所学校进行交流，通过送课到校及线上交流等多种形式将科技课程辐射到教育相对贫困地区，让各地学生都能体会到科技的魅力，在学生心中埋下科技的种子，为教育扶贫贡献学校的力量。

交流共进，将好的做法传递到国际友好校。科学技术的国际交流在高校普遍存在，但在中小学中相对较少，学校利用国际游学课程，将学校的科技课程辐射到友好交流学校。3 年来，每年开设近 10 门科技课程，供国际友好校学生拓展视野，学生学习热情高，反响好，得到对方学校、老师和学生的一致好评。

（二）社会影响广泛，激发全民科技热情

从 2017 年 9 月以来，学校公众号共发布关于学校科技教育新闻稿 60 余篇，向公众宣传学校科技教育工作经验，产生了良好的社会影响。学生的成绩和学校的荣誉激励着我们向着更高的目标迈进，不断提升学校办学品质，促进学校科技教育发展，为祖国培养更多优秀的"脊梁"人才！

第四节　体育教育

党的二十大报告指出，促进群众体育和竞技体育全面发展，加快建设体育强国。体育已成为"推进文化自信自强，铸就社会主义文化新辉煌"的一部分。体育教育是学校教育中的一个重要环节，它是学生理解世界的一种特殊形式，也是我国体育事业的战略重点。体育教育不仅能使受教育者掌握基本体育技能，还可以对他们进行思想道德素质教育，促进其身心健康成长，实现全面发展目标。体育教学并不单单意味着运动锻炼，加强身体素质，更使德育、智育和谐统一，美育与劳动技术教育及其他因素一起，在育体的核心课题中同中有异。

学校是九年一贯制，而小学体育是开放性的教学课堂，低学段教师根据学生的心理特点组织多元化的教学活动，丰富学生的体育活动，将体育技能的学习和体育活动进行紧密结合，在培养个体发展的过程中促进整体性的提升，例如最常见的游戏化教学和情境教学，教师可以将体育活动和游戏教学进行结合，如跳房子游戏，主要锻炼学生的平衡能力，肢体的协调性，教师在进行专项技能的训练时，可以采用游戏教学的形式，让学生在游戏中进行学习，学习中进行实践。多样化教学是在活动中培养学生科学锻炼的健康意识，塑造学生积极的情感态度。教师也可以在创新活动中进行实践能力培养，为学生设置相应的竞技比赛，教师设置团队赛跑的形式，将变速、接力、跨栏跑等多个项目进行混合练习，调动学生在比赛中进行实践能力的训练，通过学生之间的团队合作形式，在竞争中明白体育精神的内涵。

一、体育课程的目标

学校体育教学坚持树立健康第一的教育理念，开齐开足体育课。体育教学做到"教会、勤练、常赛"的教学，并逐步完善"健康知识＋基本运动技能＋专项运动技能"学校体育教学模式，让每位学生掌握1—2项运动技能。学校还创建了针对不同学段学生所开展的体育社团，鼓励学生利用课余和节假日时间积极参加足球、篮球、排球等项目的训练。同时定期组织开展"全员运动会""全员体育竞赛"等多种形式的活动，构建完善的"校内竞赛—校级联赛—选拔性竞赛"中小学体育竞赛体系，其中包括冰球社团、足球社团、田径社团、啦啦操社团、街舞社团、队列滑、篮球社团、羽毛球社团、乒乓球社团、轮滑社团、体能社团等。学校体育教研室定期进行全员备课和集体研学，组织教学比赛等，不断提高自身教学能力，制定针对不同单元的体育课教学质量评价体系。通过对每个学段进行"4+X"课程教学的落实，统计了一个学年内不同学段学生身体状况变化及参加体育锻炼的状况，探究了 X 课程体系变化过程中影响学生身心健康的核心因素，抓住了关键，能够更加高效地进行体育教学等。

依据新课标中提出来的核心素养，学校根据 2022 年版提出了四个水平的目标，都是从运动能力、健康行为和体育品德三个方面来制定的，并且水平目标之间既有相互联系，又层层递进。

一是深化以课堂为载体的体育与健康课程改革，踏实上好每节体育课，提升体育教学质量，实现学生人人都爱体育课，切实提高学生体质和健康水平。

二是狠抓课间操，大课间活动，一月一赛体育活动，坚持脊梁体育运动，通过开展丰富多彩的课间体育锻炼活动，促进青少年身心健康成长，增强学生身体素质；以课内 4+X 课程为主线，拓展课外活动空间，丰富校内外体育文化生活，使校园成为学生运动的乐园。

三是通过脊梁卓越能力课程在全校范围内的发展和落实，社团要加强训练，为校队推出优质的人才，而校队要坚持高标准、严要求、高质量的训练，确保比赛成绩。针对不同的社团，训练计划要有针对性，提高训练效率及技术水平提高，也要提升社团训练教练水平，确保对训练进行有效指导和管理，等等。

四是为使学生能有多元化兴趣爱好，学校以学生需求为导向，开设多门 X 类型的脊梁课程，如羽毛球、乒乓球、篮球、足球、体能、躲避球、空竹等。尤其是开设面向初中的中考体育课程，使同学们能够一边选择自己喜欢的项目，一边锻炼体能，为中考取得较好成绩做好准备。从而使学生能很好地兼顾娱乐与学习，较好地培养其爱好。

五是通过对每个学段进行"4+X"课程教学的落实，统计了一个学年内不同学段学生身体状况变化及参加体育锻炼的状况，探究了在课程体系变化过程中影响学生身心健康的核心因素，真正抓住了关键，以便更加高效地进行体育教学等。

二、体育课程的结构与内容

（一）脊梁体育基础课程

学校确立了以育人目标为导向，由浅入深，循序渐进，螺旋式上升、贯通培养系列体育课程等。体育课程目标与内容充分反映学生各个年龄阶段特征，努力做到分层次，分阶段，重点突出、有所联系，实现课堂教学育人目标。体育课程以"终身锻炼"为核心价值取向，注重发展学生体质健康水平、运动能力、意志品质及社会适应能力。

在义务教育阶段，以基本运动技能为基础，开设了体育和健康课程内容。此课程体能与健康教育占主导地位、专项运动技能和跨学科专题学习，本校还根据自身的条件，梳理各项目一至九年级的学习内容，让老师明确几年级如何教，学生学到什么程度。根据不同年龄段学生特点，制订合理可行的教学计划，并将这些计划付诸实施。学校同时组织老师开发校本课程：在进行教学实践活动的过程中，必须充分利用学校内部现有的资源，整合优化教学内容，做到课内外相结合，让每一个学生成长；通过集体备课、个人研讨等形式来完善教材体系。同时，也要对每一节课进行系统的安排，为了确保模块间的高效连接，形成一整套课程体系。

学校按照新课标要求设计"大单元"，按学期教学计划规定的课次顺序排列各单元，合理安排每课时的学习目标、教学要求、教学重难点、教学策略、学习评价和其他教学文件。在此基础上，教师结合学生实际情况制定出具体的教学活动方案，使每个课时都有明确的任务和重点。单元教学计划编制基于核心素养的单元计划编制总体架构，笔者所在学校大单元教学规划的出台就是要改变其中技能碎片化的教学情况。选取一至九年级全部内容，以整体观念对一个运动项目教学内容在一至九年级进行系统性建构与集中学习。

我们的学校以学期为一个完整的时间段。在此基础上制订教学计划。对于每个年级的学生，我们需要对其基础知识和兴趣爱好进行深入分析，以符合课时安排和内容要求，并根据每课教材编写相应的小单元或主题式单元。为了确保学生能够持续而深入地了解本单元的教学内容以及单元所要达到的教学目标，掌握基本运动技能，并呈现整体性和关联性，学校的大单元项目一般不少于 18 个课时。

学校的体育课程框架体系分为一、二年级的低学段，三、四、五年级的中学段和六、七、八、九年级的高学段，其中包括足球、篮球、排球、武术、体操、田径和体能等多个课程。

（二）脊梁体育活动、校内赛事

学校已经形成了传统的体育赛事体系，每年 4 月初举办全校广播体操比赛和各年级自主编排的体操比赛；每年 9—10 月举行田径运动会；每个学期会进行五彩大课间，高学段的篮球、羽毛球、足球比赛等。每个学期都会策划并实施针对不同年级学生的竞赛活动，以促进他们的学习和发展；每次运动会都是一种很好的体育教学形式。每年 12 月，冬季的长跑比赛活动也会如期举行，这是一项很有意义的课外活动。各项竞赛，常常得到老师和学生的高度赞扬。

表 3　2022—2023 年第二学期各年级赛事活动

	3 月	4 月	5、6 月
一年级	跳长绳（8 字长绳、原地 3 人跳绳）	广播体操比赛自编操	趣味运动比赛（爬行绕杆接力、袋鼠跳、篮球拍球比多）
二年级	跳长绳（8 字长绳、原地 3 人跳绳）	广播体操比赛自编操	趣味运动比赛（爬行绕杆接力、袋鼠跳、篮球拍球比多）
三年级	8 字长绳	广播体操比赛自编操	打鸭子
四年级	8 字长绳	广播体操比赛自编操	班级足球联赛
五年级	8 字长绳	广播体操比赛自编操	校园吉尼斯挑战赛（跳短绳、仰卧起坐、立定跳远）
六年级	跳短绳	广播体操比赛自编操	乒乓球挑战赛
七年级	羽毛球	广播体操比赛自编操	篮球赛
八年级	羽毛球	广播体操比赛自编操	篮球赛
九年级	篮球	广播体操比赛自编操	羽毛球赛

游戏是大多数小学生所喜爱的，是引导他们在"玩"中学会运动，理解运动，更好地培养自身体育素养的关键。为此，学校将低学段学生身心特性作为工作重点，通过深入认识不同学生体质状况、体

育技能培养现状，适度导入辅助性体育游戏。借助游戏这一载体，使之与课堂教学内容有机融合。学生以游戏项目为先导，主动参与到课堂教学活动各方面，以培养学生对体育的兴趣和开掘体育潜能。这样做不仅有利于增强中小学生参与体育锻炼的积极性，而且能够有效地提高他们参与体育运动的效率与质量。另外，它可以把体育教学所需要的安全常识和竞赛规则灵活地纳入游戏领域之中，从而帮助学生在体育游戏过程中得到自由和全面的发展，在每年的运动会中，我们都会设计新颖的游戏呈现给一二年级的小脊梁们。总之，体育游戏作为一种有效手段和途径，能促进教师教学方式的优化与创新。

学校针对中高学段同学心理特点，注意练习内容多样性和活动科学性、安全性，并进行简单变形游戏、竞赛等活动，如利用不同人数、时间、形式、情景进行分组、分项展示，并举办个人、小组挑战赛，设立若干运动会个人、团体竞赛项目，旨在激发同学们的学习兴趣、参与的积极性。

2023年3月以来，我们制定了许多运动量小的项目及体育竞赛，确定月度体育竞赛项目为"八字跳长绳"，以体育锻炼为目的，培养勤奋执着的毅力，克服困难的勇气。3月，低、中各学段、年级体育竞赛一致，一级育人目标是一致的，而特定二级目标、课程内容、课程形式上无重复、无交叉。低学段学生的年龄偏小，着重实施让学生经历移动性技能跳绳具体内容及练习方法，以及通过设置简单应用情境，利用跑绳、单脚跳绳、躲避绳等游戏，引导学生主动参与到跳大绳学练中。中学段教学，一是依据学生好模仿的特点，运用情境化教学，我们以跳跃营救人质为例，进行了一些游戏，来吸引同学们参加跳绳练习。还可使用简单易操作的 10 人跳大绳比赛、躲避绳的比赛或竞赛，形成持续学练意识与行为。同时教师要注重创设各种情境，使学生在愉快和谐的气氛中学习体育知识和技能。二是针对学生对外部事物的好奇心，运用启发式教学，激发学习练跳绳兴趣，通过启发性提问，指导学生探究。三是根据不同年级学生的心理发展水平及年龄特征，采用循序渐进式教学法，从"学会"到"会学"，再到"会用"。

（三）体育 4+X 课程的实施

任何一门课程要全面推进落实，必须要进行有效管理。体育课作为实施素质教育和终身体育锻炼的重要阵地之一，在教学中如何加强科学管理显得尤为重要。

1. 一级管理：学校领导负责总抓，学段牵头。

我们学校成立了体育 4+X 课程领导小组，由校长牵头，综合引导课程实施大方向。在学校层面上建立了体育 4+X 教育小组，各学段分别由一名教师负责组织教学工作。体育组计划开设体育相对应课程，以及具体的研制和实现，并采取定期召开体育课程执行小组会议、随机调查等方式，了解体育课程的执行，及时发现问题所在，在课程实施中提出了阶段性指导意见。

2. 二级推进：以体育组为主，各个学段为辅推进落实。

实施体育课程，以体育组为主，各个学段为辅，各年级、各班合力，实施 4+X 课程具体内容，教师安排过程管理、活动的具体指导和竞赛办法等，以保证体育课程有序化、常态化实施。

（1）体育组、学段统筹做好课程实施中的指导。

体育 4+X 课程建设，为新一轮课程改革发挥引领作用，它与传统的体育学科课程教学存在相通性，但也有所差异。它是对传统体育课教学模式的一次创新和变革，是一种新型课程体系。不仅体现了"健康第一"的指导思想，也凸显素质教育的要求。

如今，体育课作为培养学生身体素质的主要途径，理应引起重视。那么，怎样在具体课堂教学中切实贯彻这一全新理念，就成了体育教师所面临的主要任务之一。基于这种情况，做好相关的指导工作是关键，而组织好课程，则承载了教师解读课程内涵，从理论层面了解 4+X 课程实施的一些基本措施。结合本校实际，活动开展过程中发现的常见问题，站在现实的立场上，和课程骨干教师探讨、预见体育课程在实施过程中可能出现的问题，做到未雨绸缪。结合校情，制订可行的教学计划，包括课时计划、教学目标、教学内容与评价方法等。以专家会议、小组座谈的形式开展了讨论，明确了学校的具体实施方案，并在各班实施详细的计划。同时，邀请更多体育教师加入进来，让其发表意见或者建议。在课程的具体实施方面，请体育组组长、年级主任、年级组长分管现场体育竞赛项目，在他们的带领下，一起讨论，一起摸索，一起进步。

（2）年级组跟进课程实施中的过程管理。

体育 4+X 课程是一门有创意、深受学生喜爱的学科，和其他学科课程相同，过程化管理是必需的。为了实现学校课程目标，保证体育教学质量，我们通过构建校本管理模式来保障体育课顺利开展，并取得了良好效果。我们学校的体育 4+X 课列入课表，每班每星期设一节，保证课程的有效实施。同时，为了保证学生学习质量，学校制定了具体考核标准与各个月的赛事活动。学期开学时，要求每门课都要由教师布置课的实施计划，合理安排教学内容，每个月组织有关人员进行体育课程教师备课工作、活动反思并审视。通过制定教学目标、确定内容标准、选择教学方法及评价方法等步骤开展工作，并将执行情况反馈到学校教育教学管理部门。这样一个执行力很强的过程管理，保证课程的实施不会失败或流于形式。

3. 三级落实：教师合理具体实施。

在体育课程中推行 4+X，最终落实到教师，得益于学生。学生的积极参与，使体育课充满着活力。每月下旬在年级中进行体育赛会活动，就是以每周 X 课程中与课活练习的内容为主要形式，发展一个学生参与多个体育赛事，通过各种比赛、活动为学生的发展拓宽不同视角，发掘学生的潜能，努力使每个学生都能走上展示自己的平台。同时还利用中午、课余时间组织丰富多彩的课外赛事活动，如高学段的篮球比赛、羽毛球比赛等。既丰富校园文化生活，还培养锻炼学生团结合作的品质。比赛的同学展示自己的才华，台下的学生更是激情澎湃，掌声不断。这样既活跃了校园氛围又促进了师生之间的交流互动，还为学生提供了充分表达个人想法的空间。同时增强了学生间相互帮助的意识，收到事半功倍的效果。

（四）脊梁体育卓越课程

为了激发学生参与活动的兴趣，提高他们参与的积极性和自觉性，使他们在自我教育和锻炼的心理状态下，每一次活动都能满足个人需求，充满热情，同时也能够增长见识，从而获得实际的益处。学校通过组织形式多样的体育节，促进了全体学生身心全面发展。在社团建设的平台上，进一步提升学生的身体素质，培养健康、乐观的生活情趣，塑造健全的人格，让每一颗心灵都充满快乐和幸福。因此，学校把脊梁卓越体育社团作为素质教育的重要组成部分，列入了教学计划之中，并对每项内容进行细化落实，确保每个同学每天至少有一项课外体育锻炼活动。

自建校以来，学校精准定位，把冰雪教育作为学校体育素养办学特色之一。经过 8 年的努力，学校在开展冰雪教育中取得了令人瞩目的成绩，提升了学校办学品质，带动了海淀区冰雪教育的发展，也为北京冰雪教育的蓬勃发展贡献了力量。学校在冰雪教育方面做出了许多大胆尝试：在 2014 年，成立了第一支由学校组织的冰球队。从 2016 年开始，连续承办四届海淀区中小学冰球联赛，为落实"百万青少年上冰雪""校园冰雪计划"和推动冰雪运动的开展贡献一份力量；编写《海淀区中小学冰雪运动知识读本》在全区中小学校进行推广使用……

2022 年 7 月北极星冰球社团参加北京市中小学校际冰球联赛，作为一所九年一贯制学校，组建完成了九个年级的梯队队伍，是唯一一所参加甲组、乙组、丙组、丁组、初中组五个组别的参赛学校，本次比赛各个组别运动员努力拼搏，取得了乙组冠军、丁组亚军、初中组季军的优异成绩。

积极开展冰雪教育项目，大力营造冰雪运动氛围，普及冰雪运动的知识，激发学生对冰雪运动的兴趣。继续开发学校冰雪运动特色课程，组织冰雪知识比赛，开展冬奥知识普及活动，继续开设旱地冰球、轮滑、冰球等课程，加强了对学生的德育教育。

学校创办的脊梁卓越课程，以体育社团活动为载体，旨在培养学生健康快乐成长，丰富校园文化生活，促进学生全面发展，开阔学生视野，激发学生学习兴趣，促进学生个性特长发展。因此，我们要高度重视并切实抓好体育社团建设工作，努力构建适应时代要求，符合本校实际的新模式。围绕素质教育和学校减负提质工作，体育社团活动将以培养学生的创新思维和实践能力为核心，全面推进学校体育和艺术教育的改革与发展，实现体育的全面实施。

三、体育课程评价

（一）科学设置学习成绩的评定内容和标准

按照《体育与健康》课程改革"健康第一"的指导思想，确定学生学习成绩评价内容既要重视体育基础知识和基本技能，又要注重体能发展，还要注重培养学生良好的意志品质，也应该重视个人，尊重个体的差异，让个人有展示自己的机会，有助于学生展示自我和增强信心。

体育中考同样是根据新课程标准的要求而改革的，体育中考分已经不仅仅是一个考试的分数了，它包括两个方面，即过程管理结果和现场测试结果，四、六、八年级上学期每人 10 分在过程性考试中，八年级下学期理论测试 10 分，九年级下学期现场考试成绩 30 分。

基于以上观念，结合体育课程标准、海淀区体育中考的改革及学校实际，确定了五个学习领域目标作为评定内容，分别为运动参与目标、运动技能目标、身体健康目标、心理健康目标、社会适应目标，每一类目标采用等级制与记分制相结合。

1. 运动参与目标。

首先，有主动参与体育活动的心态与行为，并根据学生年龄特点制定出具体指标，作为衡量学生是否能积极参加体育活动的参考；运用科学方法，参加体育活动。其次，根据学生体质健康监测结果，制定了反映学生体质健康状况的指标评价体系。考查的标准以体育课为主，体育活动课、课间操出勤情况以及学校其他体育活动的参与情况（如参加校运会、学校体育节、社团以及其他体育相关活动或者机构），占总评分的 10%。

2. 运动技能目标。

掌握基本的运动知识，掌握基本技术动作的要领，提高身体机能水平。在对学生评价方面，采用了"教师平时观察与测试""课堂表现及课后作业""考试"三项内容，占总评分的 30%。

3. 身体健康目标。

养成正确身体姿势，掌握基本动作要领，培养良好生活习惯；开发体能；要有关注身体、关注健康的精神；了解营养、环境、不良行为等因素对健康的影响。考察标准以身体素质的达标成绩为主。具体而言，应根据不同年级及性别等具体情况来确定测试指标内容，占总评分的 40%。

4. 心理健康目标。

认识体育活动对于心理健康的影响，理解身心发展之间的联系，掌握基本动作要领，培养良好生活习惯；正确认识体育活动和自尊、自信之间的关系；学会用体育活动和其他手段来调节自己的心情；培养战胜困难的坚强意志品质。对学生进行心理健康教育是学校开展素质教育不可缺少的内容，也是促进他们身心全面发展的重要途径之一。考查标准多以体育课等体育活动成绩为主，占总评分的 10%。

5.社会适应目标。

构建和谐人际关系，有良好合作精神及体育道德；明确体育锻炼对心理的积极影响和消极因素；学习获得现代社会体育和健康知识。考查标准多以体育课等体育活动成绩为主，占总评分的10%。

（二）学习成绩评定标准执行情况

新课程改革中提出，"一切以每个学生发展为宗旨"为核心，使学生认识自我，认识到自身在集体中所处的地位，这在一定程度上对于学生的成长具有重要意义。学生能主动积极地参与体育锻炼并有较高的运动兴趣和锻炼热情，养成终身锻炼身体的习惯，培养自觉参加体育运动的意识。所以在对学生的体育与健康学习成绩的评价中，在量化考核的同时，应该大量使用自评和互评的方法、教师评价与综合评价相结合。如何编制出科学而又符合学生实际的体育与健康成绩评定表呢？以下是一个学年对运动技能的评定表格。

表4 运动技能考核评定表

项目	自评	互评	教师评价	综合评价	总评价
跑的技术					
跳高					
技巧					
足球					
健美操					
武术					
篮球					
排球					
4+X项目					

每个单项分四等级评价，即优秀90—100分，良好75—89分，

及格 60—74 分，不及格 60 分以下。每个单项都评定完后，学生的综合评价为前三栏成绩的平均分，然后取几个项的综合评价分的平均值 × 30% 即为本学年该学生运动技能的成绩。其他评价相同。此表格依据每学年的实际情况进行编制。

（三）设立《学生成长档案》

《学生成长档案》从一年级就开始填，对学生九年学习过程中的各种情况进行记录，档案内容包括：（1）个人信息：班级、姓名、性别、出生日期、电话；（2）家长情况表：家长的姓名、年龄、身高、电话、健康状况；（3）身体健康登记表等：对学生每学年体检情况进行记录；（4）形态、机能登记表：记录每学年学生形态、机能，并且提供给学生在每个学年中相同年龄的多种形式、机能的平均值；（5）运动素质登记表等：记录每学年学生运动素质项目的合格程度；（6）运动技能评估表：记录每学年学生所学各项运动技能的掌握程度。这一考核是通过同学们的自评和同学之间的互评进行的，由教师评价与综合评价组成；（7）《体育与健康》综合评价表：记录了学生对《体育与健康》等级 4 学习过程中各目标评价。

总之，新课程对于体育教育的评价更加注重过程性、个性化和实践性，从而更好地满足了学生的需求和课程目标。体育教育在新课程中也逐渐从简单的技能训练向全面的身心健康培养方向发展，这对于学生的综合发展具有非常积极的意义。

四、课程实践效果

课程的实施，对于学生的成长和发展有着显著的效果，学生在基本运动技能、体能、专项运动技能、健康教育多个方面实现均衡发展，且达到国家体质测试标准，实现了学校力争学生体育体能全面成长的育人理念。自课程实施以来，学校学生体质测试成绩优秀率呈跨越式增长，根据 2021 年与 2022 年体质测试成绩，优秀率较之前涨幅 30%，良好率达到 19%，及格率更是控制在 10% 的基数，免体率从之前的 3% 降到 1%，使更多的学生真正通过课程提升自身的身体素质，提高体质测试成绩。学生各项体质的提高，离不开学校课程的点滴渗透和培养。

学校课程的开展真正的印记落在了学生的全面发展上，也得到了学生和家长的一致好评。近年来，在国家体质测试成绩反馈数据报告中，关于学生体质健康发展方面的评价得到家长的充分肯定。

学校层面做到 4+X 课程育人。学校完善 4+X 体育相关课程体系，发掘体育内涵，开展多样化的体育课程形式；完善教学工作和学生课程成绩等评价体系，提高体育教育质量与日常评价监测体系。

五、课程实施反思

课程实施过程中，课程内容的课时量与课时内容的设置相对固定，可同时整合多项组合技术，使课程实施的内容更为丰富和全面。

学校课程的实施从学生实际出发，为班级各项体育比赛培养班级凝聚力，在下一步的实施中，也可以适当增加单人项目技术的学习，个性与共性共同发展，注重学生的全面发展。

学校"4+X"与脊梁卓越课程在体育老师们实践探索中实施和完善，还处于初步实践阶段，有很多创新性的实施方法和观点，需要在不偏航的实践下，继续科学完善。

就体育课程而言，应增加多元化评价，关注学生过程性的进步和发展，使学生学到运动技能的同时，心理也更加健康，乐于和同学配合，有勇于拼搏的勇气和积极向上的生活态度。

第五节　艺术教育

艺术教育主要包含美术、音乐、舞蹈等。作为艺术教师，除了完成好本学科的教学工作，还要发挥个人专长拓展艺术教育的领域，进行社团及相关活动的管理。目前，学校艺术组教师年轻化、有朝气、有水平、有能力、有视野、勤奋努力，在实际工作中通过不断地磨炼和积累经验，教师的经验越来越丰富，队伍越来越壮大。在落实"双减"政策的大背景下，作为艺术教师要找准课堂基本点，把握课堂实效性，因为这决定了艺术课堂的质量与效果。

一、美术教育

（一）加强教研组常规管理，做到"严""细""实"

加强教研常规管理，是落实教研计划的根本保证，美术组以学校工作计划为指导，认真落实《教学常规管理制度》。以教育科研为抓手，以提质增效为重点，以"务实""创新"为指导方针，制订切实可行的工作计划。教研组始终坚持以教学为中心，强化管理，进一步规范教学行为，并力求常规与创新有机结合，面对各项工作，备课组长，事事能够先思于人，先说于人，先行于人；每位教师都能严谨、扎实、高效工作，凡事开诚布公，群策群力，在团结的氛围中共同提升，脚踏实地地做好各项工作。

（二）积极参与市、区教研活动，促进提质增效

教育科研是提升教师专业发展的必经之路，是促进教师高阶思维训练的过程。教研主题主要围绕"基于新课标的'设计应用'教学案例""市级活动'海淀顺义石景山三区联动教研'""新课标背景下传统文化的学习""丹青启智　以美润心——林秋伶工笔画工作室暨市级课题展示活动""新课标视域下美术学习任务群设计与实践""基于新课标的美术学习与评价"等，从新课标大方向上提升老师们的教育教学理念，并给予指导性建议。

（三）承担区级、学区级公开展示课，提升教学能力

为了提升教师专业发展能力，美术教研组承办了学区美术学科联盟研修活动，开展了以"携手同行研修路，学思践悟共发展"的西三旗学区美术教研活动。活动中，老师分别进行《画蘑菇》《到天空去旅行》课程的公开展示，通过展示，老师们的教学能力得到进一步提升。

（四）举办"一童一梦一丹青"美术书画展

为了让学生有展示的空间，美术组的教师在课堂上带领学生进行了不同形式的美术学科实践活动，并将学生作品布置在了惟正楼大厅进行展览展示。本次展览作品得到了海淀区老师们的好评，并将画展的宣传视频放到了海淀教研平台上以供老师们欣赏。学生通过参与展览，展现了他们的艺术梦想，提升了审美素养和艺术水平。

（五）首次开拓 FI 课程，让艺术真正源于生活，高于生活

老师们在教研组的整体带领下，围绕艺术核心素养，结合学校

"让每一个学生全面而有个性的成长"的办学理念和培育"中国脊梁"的育人目标，共同研发具有学校特色的美术FI课程，分别为：低段——"创意的体验"课程，中段——"身边的美术"课程，高段——"造型源于生活"课程。FI课程于3月制定并于4月起开始实施。这是学校美术校本课程化的一次重要探索，课程内容从生活中来，受到了学生的欢迎，也培养了学生在生活学习中必备的专业技能。

（六）开展其他丰富课程，提高学生艺术素养

美术课程："双减"下的美术教育更注重学生兴趣的培养和思维的拓展，给学生创造宽松愉悦的美术实践环境，有利于学生艺术灵感的激发和内心情感的自由表达。在基础课程方面本学期以单元整合教学为主线，将美术知识与学科内、学科间以及社会热点等内容进行整合。在脊梁拓展课程方面10位教师开设了《指尖上的艺术》《我的缝纫时间》《创意绘画》《书法经典赏析》《篆刻艺术与创作》等课程。学生在学习掌握基本技能的同时感受到了民族文化的魅力。

社团课程：本学期各社团严格按照课表上课，学习目标明确，负责人管理思路清晰、严格，社团活动师生都能够按要求准时到达专业教室进行每周一次的训练；教师合理使用多媒体，注意保护学生视力，注重营造和谐师生关系。目前，美术、书法共成立了5个社团。

创意绘画社团：主要围绕绘画进行训练，学生展开想象，锻炼绘画技法及能力，提升学生审美素养与想象力。本学期主要围绕季节、节日、校内活动、比赛等展开教学。

指尖上的艺术：泥塑社团本学期开设了纸塑课程。学习目标为理解结构与空间的关系，学习多种制作技法，创作具有三度空间的立体

纸艺作品。锻炼想象能力及动手能力，感悟纸塑独特的形式美感，培养学生的专注力，通过此课程提升环保理念。

七彩梦绘画社团：教师大胆改革教学内容，在全面完成国家所规定的课程内容外，增加了色粉画、线描画、版画等丰富的教学内容，拓宽了学生的视野，丰富了学生的创作方法，让学生在学习中感受美，欣赏美，创造美。

绘美社社团：社团以加强学生的综合素养、提高学生的专业水平、扩大美术教学的影响，使学生有展示自我的园地，呈现美术特长生多姿多彩的学习实践生活为宗旨。本学期以绘画为主，手工为辅开展课程，涉及想象力、中国民间传统、自然生活等表现内容。课程结合学生生活与兴趣，并加以教师辅导，学生进步明显。

翰墨之道书法社团：社团启动脊梁课程、书法经典赏析、篆刻艺术创作，力抓梯队建设，广参赛提质量。

除此之外，结合节日、生活，培养学生的美术综合素养。在"双减"政策下，美术教学应走出课堂，延伸到生活中，让学生在生活实践中提升发现美、欣赏美的能力。

（七）未来发展

继续贯彻启发式教学原则，采取多种教学形式并用，充分调动学生主动学习的积极性，培养学生合作探究的能力；教师应加强教学示范，板书在美观的基础上体现教学重难点，并充分利用图像、作品及多媒体等教学手段和现代教育技术进行直观教学，鼓励学生大胆地进行艺术表现和创造；关注学科整合、过程性评价，不断反思自己的教学，及时总结教学得失及教学的增长点。

继续发挥组内教师特长，把社团做大做强，丰富学校非遗课程；继续带领学生走出去，将课堂搬到美术馆、博物馆，开阔学生眼界，让孩子们在大师的作品下快速成长，抓住每一次国内外绘画交流的机会。

继续邀请海淀区名师专家到学校为老师培训，邀请教研员对青年教师进行指导；发挥骨干教师的力量，带领青年教师不断进步；发挥手拉手引领作用，为青年教师搭建展示平台；督促组内教师积极听课学习，除本学科外，多听语文、科学、数学等科目，取长补短。

二、音乐教育

在新课程背景下，音乐学科从研究、指导、服务出发，重视调研、指导、协调，以"素质教育的理念和实践研究"为基础，深入开展"有效课堂教学"研究，针对教学过程中出现的问题与教师共同探寻解决问题的方法，提升教师的教学研究水平和能力；进一步完善教研，加强课题的过程研究与监管力度，加大对骨干教师和青年教师的指导和培养力度，加强教师教学基本功训练，提供展示和交流的平台，推动音乐教师整体素质的提高。

（一）提高课堂教学质量

每个音乐教师做到认真分析教材，分课时备课，突出重难点及解决方法。课堂教学根据各年级和各学段的特点，认真上好每一堂课。由于低年级学生课间贪玩好动，要做到让孩子们听音乐进课堂，弹奏简单又好听的律动乐曲或发声练习曲，让学生唱起来、跳起来，使学生的注意力较快地回到课堂中。低年级的音乐课应是内容丰富、充满情趣的，教师要做到语言优美，引导学生展开丰富的想象，会用自己的肢体语言表达歌曲的内容和情感，让他们充分感受音乐带来的乐趣。中高年级在注重歌唱教学的同时，突出欣赏教学。由于学生受生活经历、文化素质、欣赏情趣、艺术修养的制约，教学时要做到循序渐进、层层深入，让学生对音乐有一个感悟的过程，体会思想情感，从音乐中悟出道理，从而提高学生音乐欣赏的能力、兴趣，并能够渗透德育教育，提高学生对真善美与假恶丑的辨别能力。在整个课堂音乐教学中，还要充分利用现代化教学手段辅助教学，引发学生的学习兴趣，突破教学难点。每位老师都努力做到课前有修改、课后有反思。同时关注"教育的理念和实践研究"，以教师教学方式和学生学习方式的转变为主攻方向，继续开展"有效课堂教学"的实践研究活动，探索有效的课堂教学模式，进一步深化课堂教学改革，提高全校音乐教育教学质量。

（二）加强"有效课堂教学"研究

结合学期区教材歌曲演唱，组织教师对新课程标准和教材进行专题性研讨，开展形式多样的现场观摩和研讨活动，关注学生在课堂上的歌唱表现、情绪（感）体验、过程参与、知识获得与交流合作、与教师间的有效互动等，深入了解并及时解决歌唱教学实施中的困难和问题，对教学行为进行认真分析和反思，调整和改进教学策略；针对器乐课、欣赏课研究的薄弱，开展相关课例的观摩研讨活动；针对高年级教学相对困难的局面，开展高年段课例观摩和研讨。组织各年段和各版本教材的教材分析和教学研究，切实通过有效课堂教学提高教学质量；积极开展以"教材教法研究"为基础、以研究和促进"有效课堂教学"为目标的集体备课活动。紧紧围绕"有效目标""有效策略""有效手段""有效互动""有效过程"等进行认真研究和精心设计，利用集体智慧，优化教学内容和教学结构，探索新型有效教学模式。

（三）积极开展兴趣活动，举办各种比赛

教研组以培养艺术修养，发展学生的创造思维为目标，开展课外活动，积极组织并参加每一次学校要求的活动，并且从参加活动的人员中发掘人才，让每个学生都能发现并发挥自己的特长。

三、舞蹈教育

教育、教学工作为了提高自己的教学认识水平，组内教师认真地参加学校的每次培训活动，认真记录学习内容。舞蹈组不断学习，以新思路、新方法来指导自己的工作，认真备课、上好每一节常规课。

建立全面舞蹈备课的观念，备教案、备教具制作和演示、备课外知识，切实做好上课前的所有准备工作；发挥群众备课的作用，要集思广益，研究出最佳教学方案；坚持以新课标、教材为基础，以学生的发展为宗旨的指导思想，树立正确的备课观，体现新课改理念；依据舞蹈单元课时备课的思路，明确每一课时的地位和作用，掌握知识间的内在联系；准确确定教学目标、教学重点和难点。

了解学生的舞蹈知识、潜力基础、心理特点，实事求是，因材施教，着力于学生的自身发展。备课组在规定时间内进行研讨，由备课组长主持，确保活动时间和活动实效，做好活动记录，记录每一课时的共性资料。发挥群众备课的优势：互相借鉴，共同提高。做到六统一：统一进度、统一教学目的、统一每一节课授课的共性资料、统一重难点、统一作业、统一考查。但教学的方法可以不同。教师可以根据自己的教学风格、不同的教学对象，自己对教学理论、教学方法、教学资料的理解，在群众备课的基础上，进行二次备课，使教案具有个性化特征。

第六节　劳动教育

2019年6月，《中共中央　国务院关于深化教育教学改革全面提高义务教育质量的意见》（以下简称《意见》）中提出"坚持'五育'并举，全面发展素质教育"，劳动教育作为其中的重要一环，要"加强劳动教育"。充分发挥劳动综合育人功能，制定劳动教育指导纲要，加强学生生活实践、劳动技术和职业体验教育。优化综合实践活动课程结构，确保劳动教育课时不少于一半。家长要给孩子安排力所能及的家务劳动，学校要坚持学生值日制度，组织学生参加校园劳动，积极开展校外劳动实践和社区志愿服务。《意见》指出，劳动教育是全面贯彻党的教育方针的基本要求，是实施素质教育的重要内容，是培育和践行社会主义核心价值观的有效途径。《意见》明确了中小学劳动教育的主要目标，强调了坚持劳动教育的基本原则，强调抓好劳动教育的4个关键环节，制定了完善劳动教育的保障机制。

而在2019年11月27日召开的中央全面深化改革委员会第十一次会议中，也再次强调了劳动教育是中国特色社会主义教育制度的重要内容。要全面贯彻党的教育方针，坚持立德树人，把劳动教育纳入人才培养全过程，贯通大中小各学段，贯穿家庭、学校、社会各方面，把握育人导向，遵循教育规律，创新体制机制，注重教育实效，实现知行合一，促进学生形成正确的世界观、人生观、价值观。会议审议通过了《关于全面加强新时代大中小学劳动教育的意见》。

北京市第二十中学附属实验学校作为一所九年一贯制学校，在开展劳动教育的过程中，深入领会文件精神，贯彻落实文件相关要求，让劳动教育充分发挥育人作用。在劳动教育中开发学校贯通培养的新举措，切实培养学生的劳动意识和劳动能力，让学生成为具备劳动素养的新时代接班人。

一、加深对劳动价值的认识

为进一步加深学生对劳动的认识和了解，学校在低学段（一、二年级）开设了"好习惯课程"。在"好习惯课程"中，很重要的一部分内容就是培养学生的劳动习惯和劳动意识。在一开始，老师会在课堂上教会一年级的学生如何使用笤帚、簸箕等简单的劳动工具，并让同学之间互相分享如何才能把黑板擦得又快又干净。课程学习过后，班级每天会安排值日小组进行卫生打扫，并对班级卫生任务进行定岗、定人、定任务的职责安排，开展"我的岗位我负责，人人都是小榜样"的班级活动，由学生根据自身的兴趣和能力，选取班级劳动事务中的一项进行承担，在完成任务的过程中，培养学生的责任意识和班级主人翁意识。此外，开展"我与班级合张影"的年级活动，让学生通过拍照留念的方式，分享、展示自己的劳动成果，获得劳动体验的成就感，加深学生对劳动价值的认识。

为进一步加深学生对劳动价值的认识，也为了传承我国"自力更生、艰苦创业、团结协作、无私奉献"的民族精神，学校高学段（六至八年级）计划开展《红旗渠》观影活动。在学生的世界观、人生观、价值观形成的重要阶段，通过对"红旗渠精神"的感悟和学习，继承和弘扬中华民族勤劳坚韧的优良传统，坚定了学生的理想信念和不懈追求。

二、创新体脑并举的劳动方式

为丰富劳动教育开展的形式，让学生享受劳动过程中的快乐，学校开展了"脊梁菜畦我设计，种瓜点豆乐其中"的种植课程。在建校之初，学校在操场东北侧的一角，开辟出了一亩方田，给当时仅有的8个班级划分种植区，给予班主任、学生和家长充分的空间和时间来设计本班的"小农场"，从最初的犁地、浇水、撒种，到后来的培土、架秧，家校协同、师生参与，每年的谷雨前后，脊梁菜畦中总是充满劳动的欢乐。学校也以劳动教育为抓手，开展多学科的整合教学，让语文学科参与进来，传承领悟传统文化中"谷雨前后，种瓜点豆"的农谚；让美术学科参与进来，师生共同设计班级农场的标志牌，并对农作物成熟后展现的景色进行特色设计；让科学学科参与进来，仔细考察和科学培育本班的各种幼苗。此外，老师在课堂上讲解种子萌发所需的条件后，让学生设计如何在家里进行发豆芽的活动。通过亲子动手体验发豆芽的过程，更好地体会知识对劳动的指导。为美化校园环境，学校创新思路，开辟各项种植体验区，比如在树坑里播撒花草的种子，让学生参与校园围挡的创意设计，校园里的一草一木、一园一角都有学生劳动付出的身影。

依托学校"脊梁课程体系",在脊梁拓展课程中开设扎染、刺绣、编织、衍纸、景泰蓝制作、卡林巴琴制作等动手体验类课程;在脊梁综合课程的节日课程中,结合我国的传统节日,如元宵节、端午节、中秋节,在年级开展动手包元宵、包粽子、超轻黏土做月饼、动手画兔爷等劳动体验活动。让学生在各类动手体验中,培养劳动兴趣、磨炼意志品质、激发创造力。低学段的同学,在市内研学课程中,走进百年义利面包厂,通过对百年义利食品厂开办故事的了解,感悟民族企业文化,传承爱国实业家"先义后利、薄利厚义"的爱国实干精神。在面包制作车间,一年级的同学们自己动手,丰衣足食,立马变身小小面点师。义利工厂的师傅带领孩子们制作面包,边讲解,边示范。孩子们看着师傅手中的各种花样,认真听,用心学;左手按,右手压;先是揉,再是团;一会儿擀面杖,一会儿小切刀……面团、豆沙、果脯在孩子们手中有了灵性也有了个性。一条条小"毛虫",一颗颗小"爱心",一双双小"羊角"……在孩子们的小手里都是可爱的模样。小豆包们手捧着亲手制作的小面包,笑容比面包还甜。在感悟民族情怀的同时创造劳动体验。

学校将劳动与学科学习进行整合,在学科学习中,让学生沉浸式地体验劳动、感知劳动价值、增长劳动技能、加深团队合作能力;教师适时指导,在劳动中培养学生的分析能力、动手能力、解决问题能力等。

比如,四年级数学学科要求学生小组合作,共同研究一个水龙头一年大约会浪费多少水。学生完成这个任务,需要合理分析实验过程，共同讨论，做好实验计划，并亲手制作实验器材——模拟水龙头。实验过程中，小组合作、明确分工，反复动手实验，修改方案、改进实验工具、合理推算、得到准确数据。然后，将小组研究结果进行整理，查阅资料，结合小组研究结果提出合理建议。最后，也是最关键的一步，共同制作宣传海报、撰写宣传文稿，在学校和社区做节约用水的宣传，用事实说服更多的人加入节约用水的行列，实现本次活动的最终价值。

在本次数学与劳动教育结合的过程中，学生是活动的主人，得到了充分思考、表达、动手的机会。在小组合作中，学生独立面对问题，分析问题、解决问题；在一次次尝试中，动手能力得到提升、数学推理能力不断进步；最后汇总数据制作海报的过程，也使学生提升了整理能力、协调能力、表达能力等。最重要的是学生在整个活动的过程中，感受到劳动的创造性，以及劳动的快乐与意义。

依托初中社会实践课程，七年级同学走进故宫、述说故宫、"搭建"故宫。聆听了辅导员的讲解后，学生以两人为一小组，进行了故宫文化我传播的活动，在故宫博物院内以志愿者的身份为游客讲解故宫的知识，得到了游客们的一致好评，学生将自己所学进行输出，更加巩固了对故宫文化的了解。之后，学生开始进行故宫搭建，故宫利用榫卯结构，创造了建筑历史上的奇迹，学生在聆听讲解后，开始动手拼装斗拱，边拼装边体会古代劳动人民的无穷智慧。八年级的学生为了更好地体验传统文化，走进手工业的生产车间，体会工匠精神的同时也进行了彩绘、绢花制作的职业体验。体验彩绘制作的学生，从拿到瓷盘的那一刻起，就开始学着老师傅们的样子设计自己的作品，一勾一画、一点一涂、反复修改、反复打磨。整个过程中，大家全神贯注，深刻地意识到一份艺术作品的产生是多么的不容易，也意识到工匠精神的可贵之处。另一部分同学体验绢花的制作，看着简单的几个步骤，自己做起来真的不容易。从如何制作铁丝骨架到如何平整地套住绢布，学生一次次失败后又一次次重新开始，一点一点地逐渐完善，最终看到自己的作品，或许很精美，或许有瑕疵，但是大家都在这个过程中体会到了劳动的乐趣。九年级以"我来为你做道菜"为主题，让学生体验劳动、分享的乐趣。在年级广播动员后，同学们在各自班级、小组进行讨论，本着"荤素搭配、营养均衡"的原则，各自分工，从食物的选材到制作都由学生在家亲自完成，然后将大家的拿手好菜带到学校，邀请其他同学和老师共同品尝。通过这次劳动教育活动，同学们在菜谱的选择、食材的准备、食材的加工等方面体验到了父母的不容易，也更加懂得感恩。

学校通过各项丰富有趣的课程，深入开展劳动教育，力求充分发挥劳动综合育人功能，以劳树德、以劳增智、以劳强体、以劳育美、以劳创新，促进学生德智体美劳全面发展。

三、从劳动行为走向劳动创造

著名教育家苏霍姆林斯基曾在《给教师的建议》一书中提道："学校生活的智力丰富性，在大多数情况下取决于能不能把智力活动和体力劳动密切结合起来。……课外小组活动的价值，就在于使每一个学生在一段较长的时期内尝试自己的禀赋和能力，在具体的事情中表现自己的爱好，找到自己心爱的工作。"基于此，为在具体的劳动行为中不断开发学生的智力水平和个人潜能，学校创建了机器人社团、开设了 3D 编程、航模基础等多种技术素养类课程。学生通过一段时间的社团训练，不断尝试各种创新体验，在具体的劳动行为中进行个人的劳动创造。高年级的张子达和李目同学，在青少年机器人大赛中取得北京市一等奖的优秀成绩，并代表北京市参加全国比赛，荣获金奖。

此外，苏霍姆林斯基在书中还提道："……培养全面发展的人，发挥每一个学生的个人才能，是一项重要的教育学任务。及时地发现、培养和发展我们学生的才能和素质，及时地了解每一个人的志趣，这一点正是当前教学和教育工作中要抓的一件主要的事。"学校的办学目标是培养全面而有个性的学生，在开发学生特长这一教育工作中，学校不遗余力，通过各项社团的创建与不断发展，让学生在自己喜爱的领域里发光发热，通过各类科技节、艺术节及脊梁文艺嘉年华的举办，给学生搭建展现才能和素质的舞台，激发学生不断创新创造的无限潜能。

劳动教育作为 2022 年全国的教育关键词之一，也是使学生树立正确的劳动观和劳动态度、培养热爱劳动和劳动人民的重要途径。学校劳动习惯的养成教育，会一直继续开展，并不断开发完善。

第三章　脊梁课程一体化建设体系

　　学校传承二十中学的文化符号，把建设优质、和谐、创新的海淀北部教育新地标作为办学目标，以"让每一个孩子全面而有个性地成长"为办学理念，把"培育中国脊梁"作为育人目标，即通过学校的培养，使学生能够成长为具有科学素养、艺术素养、人文素养、健康素养、技术素养，有作为、勇担当的优秀学生。学校结合九年一贯制的优势和特点，根据学校的育人目标进行"脊梁课程一体化"建设，把国家对于培养人的要求转化为教育教学实践可用的、教师们易于理解的具体要求，进行课程改革和育人模式的变革，以课程建设引领学校内涵发展。

第一节　脊梁课程的研发

一、问题的提出

　　2014 年，教育部印发的《关于全面深化课程改革落实立德树人根本任务的意见》提出：深化课程内容改革。坚持立德树人，加强小学、中学、大学语文和历史课程的整体设计和基本建设，完成大中小学相衔接的德育课程体系建设。

《北京市"十三五"时期教育改革和发展规划（2016—2020 年）》指出：全面深入实施素质教育，提高学生综合素养。加强中小学生社会主义核心价值观教育，以社会主义核心价值观落细落小落实为指针，把德育贯穿到育人的全过程，树立和倡导科学的教育观、学习观和成才观，营造有利于学生全面成长和个体最优发展的育人环境，着力提升学生的综合素养，为每一个学生的成长、成人、成功奠定良好基础。

近几年，海淀区重点建设九年一贯制学校，发挥小学到初中的贯通作用。几年前，基础教育改革就注重课程之间的整合，所以，学校在课程实施上一直坚持横向整合和纵向贯通。

学校是一所新成立的九年一贯制学校，为了体现九年一贯制的办学特色，解决"小升初"对学生造成的断裂培养问题，实现贯通培养，从 2014 年开始在实践中设计、实施、修改、构建符合学校学情和育人目标的一体化课程体系。课程体系按照低、中、高学段进行课程内容设计，纵向上突出"贯"的优势和特点，横向上进行课程之间的整合。课程实施 4 年以来，受到了政府的重视，在学区附近的社区内、在家长群中建立了很好的口碑。

二、实施过程

研究过程采用的是学校顶层设计——教师全员参与设计——教师实施——修改完善的过程。课程建设包括课程目标、课程内容、课程实施、课程评价等主要内容。在课程建设之初，学校领导先进行顶层设计，根据学校的育人目标、办学理念提出课程目标，确定课程框架。召开讨论会，全体教师参与讨论，分学科研讨，在 2014 年 12 月，初步形成课程方案 1 稿，出版成册。经过 3 年的实践研究，修改完善，再出版，形成课程方案 2 稿，目前已出版成册。2017 年，修改出版第 3 版课程方案。

课程研究过程中抓住机遇，紧紧依托"海淀区九年一贯制一体化课程建设项目"、"北京市新优质校建设工程"、北京市"十三五"课题等，促进学校的一体化课程建设。聘请专家到学校参与课题论证，进行听评课指导，提高课程建设的理论基础。同时，和北京市的兄弟学校及外地学校进行交流学习和宣传。

具体做法：学校在实践课程实施大小课时的安排上、处理基础性课程和实践课程的关系上，以及学科内和学科间整合的做法上，能够把握改革方向，并在规定动作不走样，创新动作有新意的原则下实施九年一贯制课程方案。学校的"脊梁"课程体系根据学校的育人目标进行一体化设计。开设的课程以"中国脊梁"具有的科学素养、艺术素养、人文素养、健康素养、技术素养五种素养和十种能力的培养为基础，分为"脊梁基础课程""脊梁拓展课程""脊梁综合课程""脊梁能力课程"。其中，"脊梁基础课程""脊梁综合课程"面向全体学生，"脊梁拓展课程"面向个性化，"脊梁能力课程"面向有特长的学生。学校以生为本的脊梁课程体系，形成年级横向与学段纵向的小初一体化课程方案，促进学生个性化发展，把学校打造成孩子健康成长的乐园。

（一）形成扎实的脊梁基础课程

学校"脊梁基础课程"重在落实国家基础性课程，根据地方课程和校本课程进行教学内容的整合，是全体学生必修的课程。基础课程安排严格按照海淀区义务教育课程设置表进行设置，在教学内容中注重学科内、学科间的整合。整合后的课程更加体现了九年一贯制课程体系的优势，在课程内容的宽度上为学科教师留有更多的空间和时间，学科实践活动能够让学生参与的面更大。

（二）提供丰富的"脊梁拓展课程"

课程就是学校给孩子健康成长提供的营养菜单，学校将"尊重个性，多元发展"作为课程改革的原点，为满足孩子个性化的学习需求设置不同层次、不同种类的课程，孩子可以根据自己的基础、兴趣、特长，选择最适合自己的课程。

学校每周二、周五下午开设两节富有特色的"脊梁"课程。课程内容围绕五种素养开展，例如：百家姓；文学体验；趣味数学；儿童声乐与表演；创意手工；国学小课堂；乒乓球；舞蹈；折纸艺术；中国画；主持与表演；我用英语讲故事；主持与表演；硬笔书法；机器人搭建；榫卯技术；陶艺制作；绘本制作等。

（三）设置多元化的"脊梁"综合课程

（1）利用游学课程为学生提供更多的学习和实践机会。

（2）以有效地培养和发展学生解决问题的能力、探究精神和综合实践能力为目的，学校设置了语文、数学、英语等学科实践课程。以能力模块课程为依托展示教学成果。

（3）立足传统文化，利用节日课程进行社会主义核心价值观教育。

（4）打造精彩纷呈的主题性课程。

（四）开设脊梁"能力课程"

学校为提高孩子们的能力素养，着力于能力课程的建设，依托社团开展课程，如学校开设了冰球社团、合唱团和弦乐团。

（五）打造经典、礼仪课程、阅读课程

琅琅的读书声，丰富多彩的活动……在学校，每一天、每一周、每一月、每一年都有经典课程。

好习惯成就大未来，让孩子们更加懂得在生活和学习上做一个文明有礼、温文尔雅的好少年。学校在课程安排上，设置了20分钟"脊梁"必修课，如好习惯和礼仪小课。

为了让孩子们吸收中华传统文化的精华，接受中华传统文化和传统美德的熏陶，学校还开设了国画课、书法课、国学小课堂等。

每天中午，开展班级共读。在图书馆，在阅读长廊，孩子们迫不及待地捧起一本本经典，与好书交友，并把自己的感想写下来与大家交流。同时，纷纷创办班级图书角，学生阅读兴趣更高、阅读范围更广了。

每一学期，学校都会举行多彩的书香读书交流会活动。一年一度的有主题、有影响、有品位的开放式读书交流活动让孩子们在读书的路上渐行渐远。一系列课内外结合、中外贯通、古今相承、丰富多彩的读书活动，让学生的收获日渐丰盈。

（六）定期开展教学质量分析

及时改进教学，关注个性化学习需求。学校以年级组和教研组为单位定期进行教学质量分析，定期开展教学质量调研，全面掌握教学情况；通过对教学各环节的过程管理，保证和提高教学质量；实行过程管理与目标管理相结合，积极开展形式多样、信息反馈渠道畅通的教学评价，实现评价方式的科学化、现代化。针对学生的反馈信息，了解学生的不同需要，从而有针对性地给予指导，比如给学生布置个性化的任务，给予个性化的评价等，以满足学生个性化的学习需要。

三、研究方法

脊梁课程体系建设具体采用的研究方法是理论与实践相结合、定性和定量分析相结合。

（一）行动研究法

行动研究是指在自然、真实的教育环境中，教育实际工作者按照一定的操作程序，综合运用多种研究方法与技术，以解决教育实际问题为首要目标的一种研究模式。本研究主要是教师开发课程，教师自己就是研究者和研究工具，研究场地就是课堂，在实践中研究，在教学中开发、检验课程体系的建设。

（二）教育观察法

教育观察法是研究者在比较自然的条件下通过感官或借助一定的科学仪器，在一定时间、一定空间内进行的有目的、有计划的考察并描述教育现象的方法。为了评价课程效果，学校开发课堂观察表，进行课例研究。对教师的教学设计和学生活动、学习效果进行客观记录、评价，保证课程的科学性、严谨性。

（三）调查研究法

在课程研究和实施过程中，进行问卷调查和访谈。及时反馈家长和学生对课程实施的意见。每次家长开放日活动，学校都会发放家长意见反馈单，家长们也都会认真填写。大部分意见学校都会采纳，家长满意度达到100%。学校对参与课程开发的教师进行访谈，反馈教学效果，提出修改意见。

四、实施成果

从学校层面整体构建了体现"脊梁教育"的脊梁基础课程、脊梁拓展课程、脊梁综合课程和脊梁能力课程。注重这四大类课程的横向贯通与整合，从学科内的整合、学科间的整合、课内外的整合等方面积极探索提高课堂实效的方法及策略，取得了很好的成效。

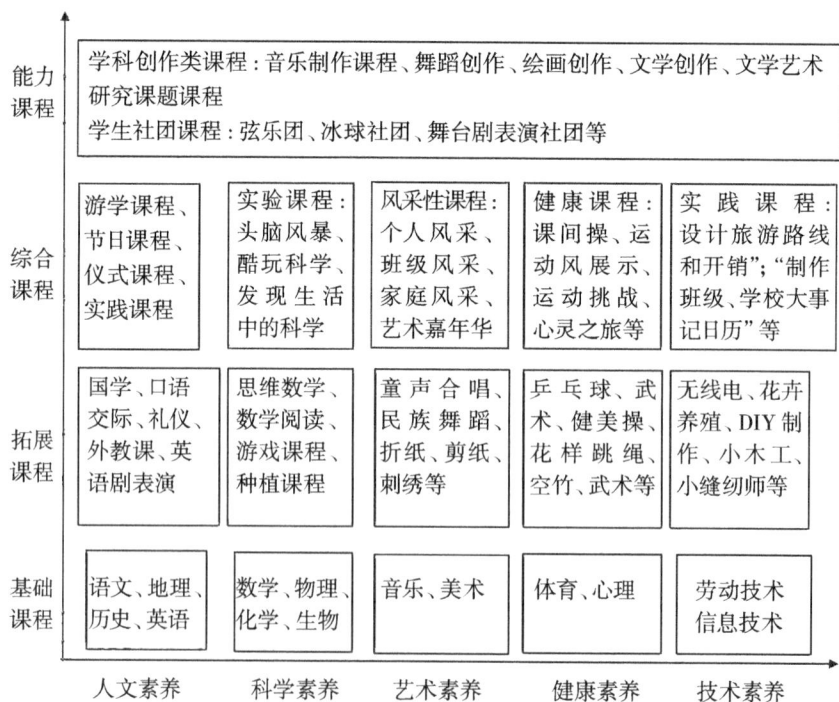

图1 学校课程体系框架

1.设计出版了《学校九年一贯制课程方案》。所有学科都设计形成了自己的一体化课程体系，注重小学与初中的课程贯通，有助于低、中、高学段的自然衔接。2015 年 4 月，召开海淀区九年一贯制项目课程一体化研讨会。

2.按照海淀区课程改革方案，对学科实践课程和综合性课程的学时进行了九年整体设计，设计了 20 分钟的口语交际、礼仪、好习惯、生活技能等小课。

3.开设了脊梁拓展选修课程。在基础课程基础上开发的"脊梁拓展课程"，是促进学生个性化发展的课程，重在培养学生的五种素养，即人文素养、艺术素养、科技素养、健康素养、技术素养。老师们不断探索，利用自己的学科优势积极开设各种丰富多彩的拓展课程。目前，已经开设了 50 多门拓展课程，孩子们完全依据个人兴趣，进行网上选课，满足孩子们的个性发展需要。很多课程成为精品课程，比如：景泰蓝、非遗手作艺术、健美操、机器人、小法布尔昆虫课程等。

4.开设了脊梁能力课程。每个学期末两周的能力课程是课程实施的重头戏，也是当年学校工作要创新的重点。能力课程实施的学习内容重点是带领学生进行学科实践和学习内容的整合。以年级组为单位，设计方案、学案、排课。采用项目式学习的方式，教师分专题上课，年级教师承担不同内容，此课程为学生必修，实施集体备课、教师跑班、学生不跑班，根据不同课程模块采用不同评价方式。这种上课形式让老师和学生都觉得新鲜，保证了期末考试的复习，也拓宽了学科知识学习的广度和深度。

5.构建了九年贯通的课程评价体系，充分利用信息化平台对学生九年学习情况进行过程性记录，避免"小升初"割裂学生发展的困扰，促进学段衔接和学生持续发展。学生在"成长树"里边可以看到每天的考勤，选修课教师的评价，综合素质评价结果，参与活动的照片，等等。

五、实施效果

总体来讲，经过 3 年的实践，实现了大小课时的安排，让学习增效；基础性课程与实践课程相得益彰；学科内和学科间整合的实施方式；课程内容满足学生个性发展需要。

1. 学校出版的《学校九年一贯制课程方案》对教师们起到了很好的指导作用。发给教师人手一本，便于教师备课，从整体上设计教学，也便于新任教师很快地熟悉学校的课程设置。

2. 扎实的脊梁基础课程重在落实国家基础性课程，严格按照海淀区义务教育课程设置表设置，在教学内容中注重学科内、学科间的整合。整合后的课程更加体现了九年一贯制课程体系的优势，在课程内容的宽度上为学科教师留有更多的空间和时间。课程整合是学校着力推进的，3 年的时间积累了很多优秀的课例，教师们也发表了多篇论文。整合型课程深受学生们的喜爱。

3. 每周二、周五下午开设丰富的"脊梁拓展课程"，为学生个性发展奠定基础，是学生每周最期待的课程。为满足学生个性化的需求，设置不同层次的课程，学生根据自己的兴趣爱好，选择最适合自己的课程。通过数字校园平台进行选课，每次选课前学校发布选课信息，家长和学生经过商议在规定时间进行选课，先到先得。基本都是秒杀，通过后台统计，10 分钟内大部分课程就能报满。满意度调查显示，家长和学生的开课满意度达到 100%。

表 1　中学段脊梁拓展选修课选课 10 分钟统计表

素养	已报满门数	占开课比	未报满门数	占开课比
技术	2	66.67%	1	33.33%
科学	5	55.56%	4	44.44%
艺术	3	42.86%	4	57.14%
人文	2	33.33%	4	66.67%
健康	1	12.50%	7	85.50%

4. 在 2016 年下半年，脊梁能力课程探索出了项目式学习的新方式。每学期末用两个星期进行能力课程，改革枯燥的复习，代之以灵活的跑班学习，拓展提升。家长反馈非常满意，提高了学生的动手能力、合作能力。

5. 建立发展性评价体系，实施综合素质评价。学校认真贯彻市、区学生综合素质评价方案的精神和要求，改革传统的偏重考试的评价制度，构建面向全体学生的、全面的、富有个性的、发展的评价体系。采用常规性评价、展示性评价、拓展课程评价、综合素质评价多种方式。充分利用网络平台进行，不仅关注了学生的学业成绩，还关注了学生的思想道德、身心健康、个性特长的发展，尤其是通过对学生在系统中"成长树"模块保存 9 年的在校评价数据进行积累和分析，可以更加全面地了解学生多方面的潜能，了解学生发展中的需要，帮助学生正确地认识自我，建立自信。同时网络评价可以公正、准确、快速地得到评价结果，为学校的评价工作带来了便捷。

6. 促进了学生的全面健康发展。学校的办学理念是：让每一个孩子全面而有个性地成长。办学特色是：文、艺见长。学校非常重视体育教育、艺术教育，不仅开设丰富多彩的体育课程，比如足球、健美操、武术、击剑、轮滑、篮球、乒乓球、冰球、游泳等，在上学期还专门承办了海淀区首届中小学生冰球联赛，为海淀区体育教育做出了自己的贡献。成立弦乐团、健美操社团等促进学生全面而有个性地成长。学校的学生每个人都有一项兴趣特长、能写一手好字、有健康的身体、有自信阳光的心态。

7. 每年 3、4 月，学校都开设六年级辐射游学课程，邀请学区内其他学校六年级的学生到学校进行一天的课程体验。学校将课程成果宣传、推广，与兄弟学校交流学习，在本地区起到了引领、辐射作用。2015 年 4 月，学校还承办了海淀区九年一贯制课程一体化建设研讨会。2017 年 11 月，学校举办了北京市教科院深化课程改革提升学生素养课程研讨会……

六、创新点

学校在政策的大背景下应运而生，是最早成立的一批九年一贯制学校。经过 3 年的办学，在课程建设上确实积累了一些经验，无论在理论层面，还是实践层面都丰富了九年一贯制办学的课程体系建设相关研究。具体的成果创新点有：

1. 结合学情、校情，提出了脊梁基础课程、脊梁拓展课程、脊梁综合课程和脊梁能力课程，这四大课程对学生能力的培养是逐渐提升的。

2. 形成了九年一体化的课程体系，实现了九年的贯通式培养，保证了育人的完整性。这是普通的小学无法完成的。

3.学段重组：为了突出"贯"的优势和特点，将小学和初中学段打通，设置低学段为一至二年级，中学段为三至五年级，高学段为六至八年级，九年级是毕业衔接年级。

4.教师跨学段教课，实行大循环。通过课程一体化建设拓宽了教师的专业视野；通过促进学段、学科整合，保证了教师专业发展的连贯性；大教研与小教研结合，打破专业限制，提升专业内涵。

七、不足与反思

1.由于是新建校，低、中学段的研究成果比较丰富，高学段经验不足，还有待检验。

2.培养学生九年的周期较长，对于目前工作只能从经验层面根据政策、学情进行调整。

3.由于学校的一体化课程设置走在前列，所以学校的课程建设比较大胆，很有创新性。同时，在实践中需要不断完善，需要教师们提供丰富的教学案例、课例支撑，对于教师的课程开发、管理能力要求比较高。

下一步，学校将完善高学段的课程体系，继续促进学科整合，完善高学段课程，加强学段间的衔接课程研究，加强制度管理。以课题促研究，以研究促教学。为了夯实成果，学校将在市区教委等领导下，一如既往地探索、追求，认真总结经验，发扬成绩，努力提高办学水平和教育教学质量，为北京市课程建设积累经验数据，共谋美好的发展！

第二节　脊梁课程的实施

一、脊梁课程一体化整体设计

课程体系按照低、中、高学段进行课程整合和课程内容设计。低学段为 1—2 年级，中学段为 3—5 年级，高学段为 6—8 年级，九年级为毕业年级。

设计上突出"贯"。一是注重小学与初中的课程贯通，体现衔接性；二是注重国家基础教育课程与学校"一体化"课程的横向贯通，体现整合性；三是注重课程评价的贯通，充分利用信息化平台对学生九年学习情况进行过程性记录，体现可持续性。

在课程结构上，围绕"中国脊梁"具有的五种素养的培养为基础，遵循适应性原则、选择性原则、综合性原则、特色性原则，分为脊梁基础课程、脊梁拓展课程、脊梁综合课程和脊梁卓越能力课程。

脊梁基础课程重在落实国家基础性课程，根据地方课程和校本课程进行教学内容的整合，是全体学生必修的课程。

脊梁拓展课程是促进学生个性化发展的拓展性课程，以培育学生的自主意识、完善学生的认知结构、提高学生自我规划和自主选择能力为宗旨，着眼于培养、激发和发展学生的兴趣爱好、开发学生的潜能。

脊梁综合课程包括研学课程、实践课程、节日课程等，充分落实"五育并举"，体现课程的综合性和实践性，促进学生全面发展。

脊梁卓越能力课程，重点是学生社团课程，主要面向有特长的学生，培养才能突出、成绩卓著的学生。

二、脊梁课程一体化具体内涵及实施

（一）脊梁基础课程

脊梁基础课程重在落实国家基础性课程，通过课程整合、课程重构、特色课程建设，全面培养学生学科素养，提高综合素养。

1. 注重课程整合。

课程整合，即充分利用有限的教学时间，帮助学生借助学科间、课程间、学段间、课内外、学习与生活等方面的融合，让相关的主题、知识系统等内容集中在同一时段呈现，使学生获得一个整体架构，实现价值的多元。价值的多元带来课程的丰富，带来课堂教学生命的活力，带来学生全面而有个性的发展，进而实现学校课程结构的发展与超越。

（1）学科内整合。

学科内整合基于精研各学科课程标准、国家课程配套教材，梳理、筛选、分类归纳相关内容，建立联系，形成整合体系。

单篇整合。遵循本学科特点，挖掘学科内的相关训练点、发展点，拓展性设计整合。在教学三年级《丑小鸭》一课时，为了让学生更好地认识"丑"与"美"，感受丑小鸭的遭遇与后来的幸福，懂得成长与经历，教师通过补充《丑小鸭》原文，让学生在原汁原味的作品中丰富认知，在咀嚼文字中丰富想象，获得情感上的体验。随即引发学生发表阅读感悟，让童话传递的情愫深入学生心灵深处。随后，教师和学生共同交流了安徒生的经历，孩子们很自然地就知道安徒生创作丑小鸭的心境，理解他的作品表达的思想。为了更好地激发学生阅读《安徒生童话》的兴趣，让课程更具丰富性，教师又设计了《我眼中的〈安徒生童话〉》主题沙龙课程。孩子们通过不同方式重温童话，品读文字，了解作者不同时期的创作特点，感受当时的社会黑暗，从一个故事到一本书，从一位作家到一个社会，感知外国文学，感受童话魅力以及童话经典永恒！课程整合带给孩子们的是永远的滋养。

单元整合。建构单元课程设置，整体把握核心要素，进行重组。在四年级下册语文"太阳"这一主题单元教学的时候，教师梳理单元核心要素后，尝试将阅读教学和习作教学整合，将本单元的习作教学贯穿于整个单元教学活动中。第一篇习作与《太阳的话》诗歌教学整合。第二个习作题目与《海上日出》教学整合，在充分体会细致观察的基础上，安排实践活动，最后安排记录场景。第三篇想象作文与说明文《太阳》教学整合，在组织学生查阅太阳和太阳能的资料，全班交流的基础上，引导学生合理想象在太阳城的生活。这样整合，让习作教学不再无章可循，阅读教学也不会只简单分析文章写法，而是有机融合，在阅读教学中，引导学生理解写法、内化写法，并通过训练使其得到外显，学以致用。阅读教学和习作教学合二为一，课时也得以压缩，课堂高效，发挥出了"1+1 > 2"的作用。课程整合，让教学无限放大。

教材整合。挖掘教材内涵，"瞻前顾后"，把握体系，着眼发展，整体建构。北师大版物理教材八年级上册第二章中，将长度、体积、质量、密度几个物理量安排在一起。通过Ⅰ类课程的教学，教师们发现当学生在初学物理时，同时接触多个物理量很容易出现将物理量混淆的现象，特别是其中还包含密度这种既抽象又没有强烈生活体验的物理量。然而物理量是物理学习的基础，是必然要放到教材中比较靠前的位置进行讲解的。为了解决这个问题，教师们进行了教材内容顺序的调整：将教材中接下来的第三章《物质的简单运动》中涉及的物理量速度放到前面来讲，将密度的教学难点向后移。

在调整后的教学顺序中，学生首先进行了物质简单运动的学习，在这一部分中学生将初次学习物理量的表现形式，接触的四个物理量分别是：长度、体积、时间、速度。这些物理量共同的特点是具象化且学生在生活中的体验非常丰富，这使得学生通过这些非常容易接受的物理量习惯了用物理符号表示物理量的方式。其次，进行速度相关的知识学习和实验操作，在这个过程中学生逐渐掌握这些物理量使之不容易发生混淆。最后，学生学习质量与密度两个物理量时，就可以将更多的精力用于理解密度的概念，从而更深入地掌握密度这个前三章中最抽象的概念。这样的整合，满足了学科教学的教学目标，同时给学生创造了更容易吸收知识的方式，符合学生的学习习惯和认知逻辑，从而达到了更好的教学效果。

（2）学科间整合。

注重课程间的联系，是课程中不同学科领域之间水平关系的学科联络或科际整合，以消除学科分立的界限。从学习者本身寻找目标，考虑学生的起点行为；从课程间的联系寻找目标，加以深化学习行为。

主题整合。结合相关主题，多学科开展整合性教研，利用一切资源进行内容、方式的整合。关于"欢乐闹元宵"这一主题，教师在梳理教材知识点中不约而同地发现，语文、美术等学科也涉及关于元宵节的教学内容。各学科教师围绕这一主题进行研究实践：语文课，教师引导学生了解元宵节的来历、习俗、学习描写元宵节的文章等，丰富对传统节日的认知；美术课，教师指导学生制作各式花灯，在实践中激发学生对元宵节的喜爱及向往。在此基础上，开展"欢乐闹元宵"主题课程，诵古诗、猜灯谜、赏花灯、做元宵、知识竞答等内容，深受学生喜欢。这样的整合，大大提高了师生教与学的兴趣，拓展了学习空间，让课程更立体。

联通整合。寻找课程关联点，设计联通层次，让课程更优化，更具独特性。四上语文《飞向月球》一课，讲述了人类第一次登上月球的大致过程，展现了宇航员在太空舱内的生活、工作情景。文中涉及失重现象以及月球的地貌等科学现象，为了让学生以更专业的视角理解失重现象，教师请科学老师进课堂，通过视频展示、画图、结合生活体验等方法，讲解原理，让学生的理解更真切，更深入，让课堂更丰富多彩。学习《拾穗》时，美术老师带着自己的油画走进了语文课堂，从色彩欣赏、构图等方面鉴赏油画，让学习朝着更多领域拓展。学科间整合，看到课堂的别样风格，让学生感受到学习是多元的，学习是需要广度的，需要不断拓宽的。

（3）跨学科整合。

以学科知识为中心，充分挖掘与学科相关联的，利于学生多元学习，自主创造的内容。应用某一学科知识到不同学科领域，达到最大的学习累积效果。

通过项目整合，以项目驱动，开展创造性的学习，实现整合后的创生。在进行四年级上册五单元"桥"为主题的教学时，为引起学生更浓厚的兴趣和对"桥"更深入的研究，教师组织学生开展了"桥"跨学科项目式学习活动。学生自主成立小课题研究小组，教师指导学生确定研究主题，学生制订活动计划，明确活动任务与人员分工，之后开始搜集信息，开展跨学科研究。在实践过程中，教师通过与学生沟通了解实施情况，给出可行性建议。汇报时，学生有的整合科学课所学知识，用乐高搭建出了想象中的桥；有的整合信息技术课所学习的幻灯片制作技巧，小组合作制作出精美的幻灯片，向大家介绍中外历史名桥；有的拿出画笔，在美术老师的指导下，画出了自己喜欢的桥；还有的学生融合音乐课所学发声技巧，唱了一曲《北京的桥》，以表达自己对北京的桥的喜爱。跨学科项目式学习，学生不仅对"桥"的知识了解更多，诸多能力在其中也不断提高，如获取信息能力、合作与探究能力、思考与发现能力、实践能力等。这正是跨学科整合要达到的。

通过小课题研究整合。利用一切资源，让学习由课内走向课外，由书本走向生活，实现有效整合，体现内容的最大化。数学实践课程中，为了加深学生对于三年级《年月日》单元知识的理解，激发学生探究知识的欲望以及培养学生自主学习和自主研究的能力，整合课程资源，数学组组织学生开展了《年月日》小课题研究的实践活动。一个小小的实践活动蕴含了天文、地理、历法、数学、历史等好多学科知识。通过这样的活动，孩子们不仅能轻松掌握年月日的相关知识，击破各个难题，而且从中还探索出新的奥妙，激发学生潜能和内在动力。四年级数学学科以滴水实验做小课题研究，要求学生经历实验、预测、调查、访谈、比较等过程，了解预测一个滴水的水龙头滴水会浪费多少水的办法，并从数学的角度（如调查、计算）分析一个滴水的水龙头所漏掉的水的价值，体验节约用水的重要性。通过撰写研究报告，提高表达能力。在课题研究过程中，通过小组内合作探究和相互交流，培养学生与他人沟通交流的能力，增强了学生的应用意识和实践能力。

（4）校本课程整合。

根据学校基础性课程，结合学校"文学"见长办学特色，在学科课程中融入阅读课程，系统整合。

绘本阅读整合课程。结合学校脊梁主题课程，结合语文学科教学主题，学校将语文与阅读整合，开发了学校"绘本阅读整合课程"。以主题为贯穿，精选篇目。每一年级整套绘本课程包括84个故事。每个故事都是一个独立的结构，同时又和其他故事构成一组类型。整套课程，每个绘本故事都有一个完整的课程说明，包括绘本简介、课时安排、适用范围、课程目标、文本解读、教学设计、教学流程建议、附属活动建议等内容。课程说明对绘本进行了从初步感知到精确解读再到综合理解的系统处理。通过对绘本自身的解读以及诠释，将其纳入一个具有自身逻辑系统的课程体系之中，使绘本不再是一个简单的故事，而是带有教学价值的文本，着眼语文核心素养的培养。

（5）课内外整合。

学生的学习生活不能只禁锢在学校中，而应该参与到广阔的生活世界中。学科知识和社会实践紧密相连，学生课内学习和课外活动紧密相连，学校的课程设置要把这些密切相关的内容整合起来，全方位提高学生的综合素养。为此，为学生搭建全面发展、个性成长、素养培养的平台，使学生有机会将所学知识与实际生活联系起来。依据学生的兴趣，将学校课程与社团活动、校外社会生活等加以统整，使学生在其中获得学习体验与经验。走出校门，走进博物馆、科技馆等，走向国内与国外广阔的学习天地，积极参加各种实践活动，充分凸显课程的实践性、整合性、综合性。

课程整合拓宽课程的维度，揭示了课程的价值所在，凸显了课程结构的完整性、丰富性、多元性、贯通性，触及了课程建构的本质。教师对课程的理解、架构、运用能力的提升，彰显课程整合的要义和灵魂，课堂教学出现焕然一新的景象。教学风格在其中也不断显现。学生在课堂中更灵动，思维活跃，善于表现自我；学习兴趣浓厚，乐于表达自己的想法，碰撞智慧；在合作中培养探究精神，核心素养在学习与实践中不断提高。

2. 注重课程重构。

为了更好地促进课程改革，凸显课程外延，学校提出"2/3+1/3"课程重构。"2/3"指课内需要落实教学目标部分课程的开发与重组；"1/3"指延伸、发展教学目标的课外部分课程的开发。"2/3"着眼单元内部的重组，"1/3"着眼课程外延的实践性、综合性。"2/3+1/3"既体现了课内外知识的共存与融合，具有全学科性，又体现了多维教学理念，彰显课程的创造性。

在课程重构上，重点研究"1/3"内容的开发、"2/3"与"1/3"的融合。

（1）"1/3"内容的开发。

"1/3"拓展内容的开发可以根据核心素养的不同方面进行建构。如语文学科教学中，教师通过群文阅读，由一篇勾连多篇，即从主题、作者、内容、写法等角度与课文建立联系点，挑选文质兼美的文章，在更加开阔的视野上开展多文本阅读教学实践，让学生在阅读中学会阅读，提升阅读素养。如在教学统编版教材四年级下册第21课《古诗三首》中王冕的《墨梅》时，同时拓展了王冕的另一首《白梅》以及王安石的《梅花》两首诗，让学生充分感受梅花这一意象所蕴含的品质。勾连相关文本，为学生编织出更宽更广的阅读之网。

再如英语阅读与写作课，以四年级第五单元 *Safety* 为例。由于课本第三课时阅读课内容为安全规则的罗列，缺乏篇章的连贯性，而 Let's check 板块中的文章描述的是不同生活场景中的危险及安全行为，并要求学生撰写安全规则，重视知识的应用，且具有教育意义，故将阅读课内容调整成这篇文章。除了常规阅读课的流程，还利用情景引导学生创编剧本，小组合作表演交通安全规则，又在课后编写类似剧本，描述生活中的危险行为，并提出建议。这不仅达到了课本要求撰写安全规则的要求，还能激发学生的兴趣和创新力，在生活场景中应用英语，不断提高学生的语言素养。

（2）"2/3"与"1/3"的融合。

融合是指不同个体或不同群体在一定的碰撞或接触之后，认知、情感或态度倾向融为一体。如七年级《道德与法治》教学中，为了进一步增强学生对中华传统文化的认同感，提高学生的文化底蕴，教师在教学《少年有梦》这一课内容时，引用习主席关于梦想的语录："青少年要敢于有梦。从《西游记》到凡尔纳科幻小说，飞船、潜艇今天不都有了吗？有梦想，还要脚踏实地，好好读书，才能梦想成真。"带领学生认识梦想的重要性，在此基础上展示材料《90后小伙成火箭专家》，请学生阅读，并思考：于新辰为什么放弃了读研，选择投入到国家的航天事业当中？学生分析资料，认识到于新辰把自己的理想和国家的发展紧密地结合到了一起，树立大志向。最后，补充《格言联璧》中的内容"志之所趋，无远勿届，穷山距海，不能限也；志之所向，无坚不入，锐兵精甲，不能御也"，引导学生树立大志向，坚定自己的志向，不懈奋斗和努力。这样的教学，教师通过教材内容不断挖掘中华优秀传统文化丰富的内涵和深刻价值，不断地将所学内容与中华优秀传统文化，与时代发展的要求结合起来，感受个人的成长与民族文化之间的关系。这样，通过课外资源的补充融合，处理自然连贯，实现课堂效果最大化，课程实施最大化。

课程的重构与实施需要站在整体的视角进行整合与融合。"2/3+1/3"课程重构是对新课程的理解与落实，将成为核心素养培养的有效途径。

3.注重阅读课程。

学校发展特色是"文学、艺术见长，办一所爱阅读的学校"。课程建设上注重特色课程的建设——实施全学科阅读课程建设。在全学科教师协同下，推进全学段贯通，通过课程资源建设、课内外融合、阅读实践活动等途径，指导学生进行拓展性阅读、跨学科阅读、整合式阅读、项目式阅读等，全面提升学生核心素养，让阅读成为获取知识、增长智慧、形成素养的有效途径之一，以阅读教育再造课程建设，从而构建教育新生态。

（1）以语文、数学学科为突破，开发阅读课程教材。

结合学校九年一贯制"脊梁课程一体化"建设总体思路，基于学生的核心素养的基本品质，体现学科特点，在语文、数学学科中率先推出阅读课程教材自主研发项目，建立科学的教材编排体系，形成完整的科学体例，与课堂教学相辅助、有衔接、促发展，培养学生的阅读素养。

① "绘本阅读整合课程"，体现整合性。

"绘本阅读整合课程"体现"整合"思想，以主题为贯穿，精选篇目，与学校基础性课程、主题课程相融合，全面促进学生文学素养的提高（表2）。

表2　二年级上册《绘本阅读整合课程》主题与框架样例

单元主题	绘本名称	EQ核心要素目标
合作	《让路给鸭子》	与动物和谐相处，有仁爱之心
	《想吃苹果的鼠小弟》	有愿望、敢尝试；会合作分享
	《弗格格和陌生人》	友善、关爱他人
	《今天运气怎么这么好》	乐观与分享带来好运
	《我的兔子朋友》	忠实和谅解使友谊变得完美
考验	《一只有教养的狼》	爱上读书，一起做有教养的人
	《海马先生》	有爱、有担当
	《狼大叔的红焖鸡》	爱的力量是无穷的，爱才能唤醒爱
	《犟龟》	只要有信念，有行动，就会有庆典
与众不同的世界	《环游世界做苹果派》	尝试探索并走进更广阔的世界
	《妞妞的鹿角》	如何对待金钱
	《我家是个动物园》	接纳家人特点，感受家的快乐
	《小黑鱼》	重新认识和发现自己，拥有勇气和智慧
	《好奇的乔治和翻斗车》	勇于超越陈规，用智慧创造美好

②《脊梁文学素养读本》，体现拓展性。

《脊梁文学素养读本》具有明显四大特点：一是从学生身边的事物出发，由浅入深地让学生认识自然、认识社会和认识自我；二是把人文精神和科学精神结合起来，着眼于培养学生的素养；三是具有时代性、趣味性、可读性，图文并茂，活泼愉悦；四是重视学生的主体性，提供阅读信息，为学生提供自由阅读的空间。

在编写上，以语文核心素养为着眼点，结合学校主题课程，以主题为贯穿，呈现单元编排形式，每单元选编3篇文章，突出训练侧重点。每篇文章后，配有"我读懂啦""连连看""金话筒""我们一起来讨论""我们一起去实践"等板块，培养学生的思维发展力、阅读理解力、语言运用力、审美鉴赏力、实践创造力。

在选文上，注重体裁多样化，呈现儿童诗、童话、寓言、古诗、民间故事等内容，将中华传统文化自然地融入其中，体现社会主义核心价值观。

《脊梁文学素养读本》是学生必备的自读教材，是课内语文教材的延伸，可增加学生的阅读量，拓展学生的阅读面，帮助学生积累语言素材，提高人文素养；培养学生的阅读兴趣和阅读能力，提高学生对语言文字的运用能力；让学生在阅读中掌握正确的读书方法，并喜欢阅读，品味经典；开阔学生视野，体现发展性，陶冶情操，启迪智慧，涵养品格，树立正确的人生观和价值观，全面提升学生文学素养（表3）。

表3 一年级上册《脊梁文学素养读本》主题与框架样例

素养培育	单元	训练侧重点	单元主题	单元篇目
思维发展与品质	第1单元	适应新环境	可爱的学校	学生原创作品一：我爱我的校园
				学生原创作品二：校园——我的家
				学生原创作品三：美丽的校园
	第2单元	好奇与质疑	无数的小问号	《巧运南瓜》
				《这个徒弟我收下了》
				《壶盖为什么会动》
	第3单元	遵守纪律	我上学了	《小兔上学》
				《桌椅的对话》
				《孩子"丢了"》
文化的传承与理解	第4单元	君子之交	我们一起手拉手	《管鲍分金》
				《邻居》
				《最好的药》
	第5单元	家庭生活对父母的爱	我爱我的家	《奶奶的"牙齿"》
				《有趣的跳绳比赛》
				《胖乎乎的小手》
	第6单元	祖国河山、景色	美丽北京	《香山的红叶》
				《美丽的北海公园》
				《颐和园的长廊》
语言建构与运用	第7单元	儿童诗	坐上我的月亮船	《爱惜粮食》
				《猜一猜》
				《春雨沙沙》
	第8单元	人物童话	吹喇叭的小老鼠	《智斗大灰狼》
				《迷路的小蜜蜂》
				《熊猫妈妈听电话》
	第9单元	寓言	小故事大道理	《坐井观天》
				《守株待兔》
				《狐狸和葡萄》

续表

素养培育	单元	训练侧重点	单元主题	单元篇目
审美鉴赏与创造	第10单元	感官艺术	神奇的画笔	《美丽的色彩》
				《婷婷的画》
				《齐白石画虾》
	第11单元	形体艺术	旋转的白天鹅	《天鹅湖》
				《孔雀舞》
				《雀之灵》
	第12单元	造型艺术	有魅力的汉字	《仓颉造字》
				《神奇的"打"字》
				《趣联巧对》

③ "数学阅读课程"，体现发展性。

"数学阅读课程"是基于学校的教学理念，依据学生不同学段的学情，设计的一套适合学生数学思维发展，培养学生善于从知识的不同表现形式中提取和把握知识形成过程的本质，并善于从不同问题的条件和结论中概括提炼出问题所蕴含的思想和数学方法。

"数学阅读课程"体现不同学段的数学阅读教学目标，以实际生活为故事素材模板，整合物理、化学、历史、地理、生物、语文等多学科知识，设置相应的数学阅读内容，编制相应的数学阅读手册，从故事中挖掘数学信息，从生活中体验数学魅力。

表4　"数学阅读课程"编排目标

学段	目标	内容	教学形式
低学段	1.学生通过阅读的形式，主动获取信息，汲取知识，培养信息提取能力，发展数学思维、逻辑推理及解决问题等能力 2.通过角色扮演，培养学生学习兴趣和胆识，提高学生表演能力、自学能力及语言表达能力 3.通过交流，培养学生合作交流的能力、敢于质疑与提出问题的能力，以及逻辑能力	数学绘本 数学故事 儿童数学科普 数学家故事 数学趣味题等	读故事学数学、角色扮演、读书交流、知识竞答等
中学段	1.学生通过阅读的形式，主动获取信息，汲取知识，培养信息提取能力，发展数学思维、逻辑推理及解决问题等能力 2.通过角色扮演和演讲，培养学生学习兴趣和胆识，提高学生表演和应变能力、语言表达能力 3.通过交流，培养学生与他人交流的能力、敢于质疑与提出问题的能力，以及数学思维逻辑能力	数学绘本 数学故事 数学科普 数学家故事 数学趣味题	读故事学数学、角色扮演、读书沙龙、数学演讲、知识竞答、数学讲座、"小老师"讲说课大赛等
高学段	1.培养学生阅读数学信息、提取数学信息、理解和分析数学问题的能力 2.让学生亲身经历将实际问题抽象成数学模型并进行实践、探索的过程 3.以学生为中心，以学生自主独立探究为基础。在探究中，充分发挥学生的主动性，在做中学、学中教，学做合为一体，理论与实践结合，猜想与验证相辉映，让动手实践、自主探索、合作交流等成为课题学习主要的学习方式 4.课题学习应立足于学生对问题的分析，对解决问题过程的理解，培养学生的数学意识，而不以仅仅有正确的解答为满足	通过自主阅读材料，了解某些数学问题并进行深入的学习和探讨，或者从数学角度对某些日常生活中和其他学科中出现的问题进行研究	课题研究

（2）研制校本阅读课程评价工具，体现科学性与系统性。

课程的实践需要科学的系统做评价。学校综合国际阅读素养进展研究项目（PIRLS）、国际学生评估项目（PISA）、美国国家教育进展评价（NAEP）等国内外阅读测试理论及相关经验，结合小学生成长发展规律、阅读能力的年龄特点和心理机制，研制出一套科学、有效的阅读能力测评工具。

结合学生的阅读情境，阅读能力测验选择三种类型的阅读文本——文学叙事类文本、说明解释类文本和实用任务类文本，在试题的编写上采用多样化的客观题，编制试题时以 SOLO 分析法为理论基础，按照思维结构的复杂程度从低到高划分为五个不同的层次，尽量避开客观题测试的缺陷。

学校每一年都对学生进行阅读能力前测与后测，并根据测评情况，为每一位学生形成《阅读能力测评报告》。一份完整的《阅读能力测评报告》，包括五部分：阅读能力的基本结构，阅读能力测评工具及对象，阅读能力测评结果（汉字命名、流畅性阅读、综合测验），阅读能力测评总结，以及个性化书单。通过对学生阅读能力的分解、评估和解读，提供相应的阅读指导建议。结合测评报告，开展反馈活动，家校共同为学生阅读助力，营造书香校园，通力培养学生的语文素养。同时，形成学校的《阅读能力测评报告》，通过前后测的比较分析，为学校检验学生阅读效果、教师阅读指导工作提供依据。

（3）从教材阅读材料着眼，延伸阅读课程素材。

①挖掘教材资源的阅读价值，通过多种渠道外延。

——阅读资源与教学设计有机结合。

教材中的阅读价值无限。如部编版《道德与法治》教材中，编排了许多全新的板块，其中"阅读角""故事屋"都呈现了优秀的阅读资源。对阅读资源的利用，不能够仅仅停留在阅读的表面，更应该与教学设计相结合，才能凸显阅读资源的价值。

教师在执教《道德与法治》三年级上册第6课《让我们的学校更

美好》时，为了帮助孩子们理解失学女童对上学的渴望之情，利用教材中"阅读角"的阅读材料——诗歌《女孩》，在朗读的基础上设计了两个问题：（1）哪些语句体现了女孩对学习的渴望？（2）为什么说黑板上多一笔粉笔印儿，女儿眼前就多一条亮堂的道？学生通过认真阅读与思考，进一步认识到在学校接受教育的重要性，认识到知识才能改变命运的道理，从而进一步思考女孩该怎么维护自己受教育的权利，很自然地进入对《中华人民共和国义务教育法》的学习，实现与教材内容的有效连接。深度挖掘教材阅读资料的使用价值，即使是常见的内容，也可以将阅读含量放大，让阅读不再是走马观花，而是真正提升能力。

——阅读资源与延伸拓展有机结合。

课内阅读与课外阅读有机融合，是促进学生阅读素养提高的有效途径。实践中，挖掘教材阅读资源，链接有效的课外阅读素材，形成完整的阅读链条，可让阅读更立体，更丰满。

如地理学科，为了帮助学生形成正确的地球观及人地观，在教学中巧妙地补充了国家特色、人文风俗等阅读资料，拓展学生眼界，有效地利用相关知识帮助学生感受地球家园的魅力，潜移默化地传递人地关系协调的理念，落实地理核心素养的培养。再如历史学科，结合《美国内战》一课引导学生开展史料阅读，补充美国西进运动材料1785年的《土地条例》、1802—1832年的《救济法》及1830年的《印第安人迁移法案》，辩证认识美国历史上的西进运动。补充吴于廑、齐世荣主编的《世界史·近代史编》的材料，引导学生理解由于经济制度的不同，美国南方北方在劳动力、市场、工业原料及税收方面是如何存在矛盾的。通过分析，理解各方面矛盾的焦点集中体现在黑人奴隶制的存废问题上。

这样，通过精选史料进行阅读延伸，不仅丰富了学生的历史知识，同时锻炼了其辩证思考的能力以及总结、提取信息的能力，并在这个过程中逐渐形成历史学科核心素养。

——阅读资源与传统文化有机结合。

从古至今，尽管文化的传播途径是多元的，但语言文字无疑是一条主要途径。文化随着文字的记载、文字的运用而传承、发展。文化是语言文字的命脉，也是语文教学的命脉，学习语言文字的过程也是文化获得和提高的过程。

如在部编版语文四年级上册《蟋蟀的住宅》的教学中，教师挖掘教材中独特的汉语言文字的意蕴，拓展了部分段落的中英文对比，在这种对比阅读中体会汉语的独特表达，并对"宅"这个字进行"甲骨文—金文—小篆"的字源分析，相对于有多层含义的"house"，为何"住宅"一词更加生动形象，进而引导学生体会中华文字、中华文化的博大精深。

——阅读资源与整合重构有机结合。

"在一个高效的课堂整合的教学模式中，知识被有意义地连接在一起，并且这种连接与其他领域的学习应和我们的生活相关。"基于课程外整合应注意将课程资源由课内延伸到课外，由学校延伸到社会，由抽象感知延伸到具体生活的要求。

如部编版七年级语文《再塑生命的人》一课，记叙身患严重残疾的海伦·凯勒是如何在老师的帮助下感知生命、热爱生命的。教师引导学生观看央视的《朗读者》中讲述的中国肝胆外科之父吴孟超老人的事迹。结合所讲课文恰好形成一中一外,一个是从被"再塑"的视角,一个是从"再塑"他人的视角;一个主要是从精神领域再塑,一个则是通过身体再到灵魂深处的再塑。让学生在观看后与课文形成整合比较,在思想中碰撞出新的火花,对正在形成人生观、价值观的学生起到了积极导向作用。

——阅读资源与实践活动有机结合。

充分利用阅读资源,创新性使用阅读资源,设置有效的项目式实践活动,引导学生发挥主观能动性,主动去发现问题、探究问题,团队合作、解决问题,积极更新原有知识体系,有益于丰富学生的人文观,提高学生的文化视野。

如部编版语文四年级上册第四单元"神话"单元,包含了《盘古开天地》《精卫填海》《普罗米修斯》《女娲补天》四篇神话故事,结合单元的教材编排与教学策略,以教材中的神话故事为原点,辅之以阅读推荐书目《中外神话故事》,立足不同层次学生的最近发展区,设置了英雄、武器等难度各异的探究内容,设计了绘制海报、舞台剧表演等不同层次的拓展项目,以供学生自由选择,各取所需,充分调动学生的隐性学习资源,锻炼学生组织沟通能力、创新能力、审美鉴赏能力、团队意识等,体现语文核心素养的落实,实现学习从单一到综合的尝试。

——阅读资源与现实生活有机结合

生活是学习的外延。教学中,教师树立大教学观,注重学习的体验性和亲历性,结合教材资源开发利用现实生活中的教育资源,让学习更广博，更有深度。如在《道德与法治》的学习中，教师结合时事，将新闻时事阅读《是谁向 12 岁孩子灌输偏见和戾气？》推荐给学生，引导学生关注新闻，阅读思考：同样是两个学生，他们为什么产生了这么大的不同？学生分析发现，一个人对国家的热爱，对问题的客观理性思考非常重要。在此基础上，教师进一步引导学生：一个人具备独立思考能力、理性分析能力正是我们国家对于中学生必须具备的核心素养的要求。希望学生对于事物都能有清晰的价值判断，学会理性思考，用正确的方式表达爱国热情。

②注重阅读文本内涵的选择，让阅读关联更有意义。

选择与学生阅读水平相接近的文本。如果涉及特别深入和抽象的文本，学生很难保持阅读兴趣，导致难以完成阅读或者认真阅读后也得不到有效信息。因此，选取文本时，尽量选择浅显易读并有一定知识关联的段落，使学生能够在阅读中找到知识共鸣。

选择有一定拓展性的阅读文本。学生在阅读中如果遇到的知识都是已经学习过的，那么与阅读课本是没有什么区别的，这样的阅读不能够起到开阔学生视野的效果。好的阅读文本应是促发学生阅读的再思考、再获取，随着不断深入，得到知识或认识上的再提升。

选择与生活关联密切的阅读文本。尤其是理科阅读，很多身边的现象学生都不能够完全理解，此时阅读材料的选择就非常重要。例如关于压电打火机起火的原理的文章，材料背景源于生活中很常见的打火机，文章从能量转化的角度说明了通过按压方式能够点火的原因，解释了这个简单工具中的物理原理，而由机械能转化为电能的过程也是对课本知识的一种拓展。这样的文本阅读对学生的学习无疑起到了强大的助推作用。

选择中国传统文化经典。阅读经典是提升学生文化认同和文化自信的重要途径。结合学生年龄特点，向学生进行阅读篇目推荐，呈现循环上升阅读，在阅读中感受中国文化的博大精深。如推荐低学段阅读《笠翁对韵》《增广贤文》《三字经》等，推荐中学段阅读《论语》《三国演义》等，推荐高学段阅读中外名著等。

（4）开展"阅读圈"实践活动，搭建阅读展示平台。

①主题阅读活动，体现全方位。

"脊梁会客厅之文学家专场"邀请著名文学作家到学校，给学生讲述文学的意义，讲述文学创作的过程，讲述阅读文学作品的方法，激发学生对文学的热爱，感受阅读文学作品的魅力。通过作家送书环节，让学生真切地感受与书籍为友的乐趣。

开展以"诵读经典，弘扬传统文化，塑造美好心灵"为主题的校园朗诵大赛活动，激发学生对中国优秀文化和祖国语言文字的学习和热爱，营造书香氛围，培养人文素养，为学生搭建朗诵艺术的学习、交流平台，提高朗诵能力，展现个性风采。

每年3月、4月，开展"学雷锋，脊梁少年爱读书"主题活动，旨在向雷锋叔叔学习，挤时间读书，争做爱读书的脊梁少年。各年级学生巡讲，学校通过每周的升旗仪式为孩子们读书交流搭建平台，展风采，促成长。

利用晨读开展"每日一读"活动，如古诗词诵读、成语故事交流、小小朗读者、小小演说家等。学生在吟诵、朗读中感受中华传统文化，增强自信，积累语言，积淀文学涵养，深受学生喜欢。

学校先后开展"我多想告诉你，我们爱读书"读书月活动，"阅读'益'起来，悦读越爱读"读书节等活动。好书推荐、我是朗读者、课本剧表演、读书沙龙、作家进校园等活动深受学生喜爱。书香弥漫校园，阅读已成为学生最喜欢的一种生活方式。各年级开展有特色的主题活动。主题沙龙、手抄报制作、儿童诗创作、古诗配画、赛诗会等活动成为学生阅读生活的又一部分。如三年级开展《我眼中的〈安徒生童话〉》文学沙龙，二年级开展"飒飒东风细雨来，悠悠诗韵少年才"咏春赛诗会，一年级开展"自创绘本"阅读活动等。学生特别喜欢，他们在活动中各抒己见，交换思想，碰撞智慧，自由开放，享受着分享经典带给内心的愉悦与心灵的成长，意犹未尽。

②"书香校园"读书活动，体现全氛围。

学期初，各学科组教师向学生推荐阅读书目。通过导读课，指导学生读书的方法；通过读书交流课，引导学生在分享中碰撞情感，启迪智慧；通过师生共读一本书，构建共同的价值取向。

课后，通过《我是阅读者》读书积累手册，鼓励学生在读书实践中积累、感悟，感受读书的乐趣。通过《脊梁阅读银行》记录读书轨迹；通过课间、午间读书时间、读书笔记、手抄报、评选"脊梁读书好少年"等方式全面推动读书活动，形成浓厚的校园读书氛围。

全天候开放图书馆，并配有电子书，让学生每日浸润于书香之中。年级、班级"图书漂流"，学生共享阅读资源。每月最后一周的阅读课为学生读书交流分享时间，学生结合一个月以来的读书情况进行分享，展示阅读成果，活泼生动，富有实效。

鼓励学生开展亲子阅读，推动课外阅读的开展。引导学生与书为伴，与书对话，与书同行。让读书成为习惯，让读书成为一种文化。

③学科联动齐阅读，体现全视角。

各学科打造"快乐阅读"冬（夏）令营活动，通过经典阅读、好书推荐、主题沙龙、阅读方法交流、故事会、观影等丰富多彩的阅读活动，引导学生在快乐中感受文字之美，享受思想之美，陶冶性情，启迪智慧。

《道德与法治》学科开展《新闻播报》活动。2分钟的学生讲解时间和1分钟的生生互动，培养学生敏锐的政治视觉，引导学生关注时政新闻，了解时事政治，传播正能量，提升思辨能力，培育社会主义核心价值观。

英语学科开展"周五英语日"活动，为学生创造阅读英语的机会。分享英语演讲、英语诗歌、英文绘本故事等内容，学生特别喜欢。

4.注重课程衔接。

衔接性课程由教师顶层设计，自主开发。以前瞻的视角，在贯通培养下，整合课程资源，突出衔接，体现连续性和进阶性，为学生提供更宽、更广学习空间的课程。

在课程设置上，融入地理、历史、生物等学科内容。在课程内容上，增加拓展性内容、实践性内容、项目式学习、全学科阅读。如英语团队结合课程标准，从学情出发，确立了衔接性课程的方向及目标。在听力课程、阅读课程、习作课程、活动课程、资源利用等方面进行重点指导。从多方面、多维度丰富学生的学习内容、实践内容，确保输入的量和输出的质，学生的英语能力逐步提高。科学教师根据六年级学生对科学知识掌握度的了解，分析了孩子们的学习特点，在课程起始阶段依托项目式学习的方式展开衔接性课程，注重发现性学习过程。将章节学习分为专题，以小组形式进行讨论，并将知识进行铺垫和加以扩充，课程深受学生喜爱。衔接性课程中，教师更多地指导学生在学习方法上衔接，引导学生梳理与总结学法，并注重新方法的运用。

为了更好地让衔接性课程突出实效，学校每年召开一次衔接性课程教学研讨，让老师们不断总结课程特点及具体做法、经验，探索新途径、新内容、新方法，在学习、借鉴中，不断完善。可以说，衔接性课程体现"接合、综合、生长"的特点，教师在教学实践中尊重学情，进行横向衔接与纵向衔接，不断扩大衔接的内涵，丰富衔接的方式，全方位衔接助力学生发展。

（二）脊梁拓展课程

脊梁拓展课程围绕五种素养开展，以"尊重个性，多元发展"作为课程的原点，为满足学生个性化的学习需求设置不同层次、不同种类的课程，各个学段开设的课程有上百种。每周两次，学生可以根据自己的基础、兴趣、特长，选择最适合自己的课程。授课教师由学校任课教师和外聘专业教师组成。课程由教师与课程发展中心、各学段管理。学生通过学校数字校园平台选课系统进行选课。选课过程中，学生表现出了极高的积极性和参与度。脊梁拓展课程是学校为孩子健康成长提供的营养菜单。每学期末，通过校园平台进行师生、生生评价，进行满意度调查，检验课程实施效果。同时，每年12月，学校会进行课程验收暨嘉年华活动，这一活动成为学校的亮点活动，成为师生共享的精神文化盛宴。

表 5 脊梁拓展课程内容

人文素养	儿童文学阅读、国学小课堂、影视配音、茶艺、舞台剧表演、北京方言、北京那些事儿、汉字趣谈、英语短剧配音、朗诵、口才与演讲、成语故事、绘本创作等
科学素养	自然科学探索、OM 创意、天文、环境课程、海洋生态、数学阅读、数学思维训练、多米诺、3D 打印、自然观察、VR 课程、工程探究、桥梁与结构、海洋生态、创客等
艺术素养	树叶贴画、陶艺、音乐剧、摄影、我的缝纫时间、陶艺、创意儿童画、工笔花鸟、民族舞、象帽舞、流行舞、童声合唱、儿童剧表演、戏剧表演、京剧、快板、油画、微电影制作、刺绣、非遗手作、景泰蓝、民族漆器、折纸艺术、魔术表演等
健康素养	围棋、乒乓球、空竹、花样跳绳、攀岩、花样轮滑、跆拳道、击剑、武术、游泳、篮球、足球、健美操等
技术素养	影视制作、数字校园模块管理、科学种植、植物克隆、网页设计、电脑绘画、Scratch 电脑编程、单片机、航模等

（三）脊梁综合课程

脊梁综合课程，包括主题课程、节日课程、实践课程、研学课程。

1. 主题课程体现育人功能。

主题课程是根据学校的教育教学活动分学段进行的课程，对学生进行爱国主义教育、中华传统美德和传统文化教育等内容。学校每月有大主题，各年级根据学生特点设定切合的小主题，开展系列化的课程，让德育教育通过丰富多彩的内容厚植于学生内心。每次主题课程，利用每月主题进行教育教学活动的设计和实施。每一个活动主题有详细的主题月计划，进入课表。

表6　脊梁主题课程内容

月份	低学段主题	中学段主题	高学段主题
1	梳理知识，明确方法，提升能力；传统文化月	文艺嘉年华；寒假安全伴我行；传统文化实践月	总结，提升，再出发
2	文化体验月——感传统节日，扬中华文化	家庭劳动教育；社会调查实践；学期规划制定月	紫禁城里过大年
3	新学期、新气象、新期待	立规矩育习惯；学雷锋好榜样；公民道德宣传月	雷锋精神我传承
4	走进春天、感受春天、享受春天	讲卫生重安全，敬畏生命、亲近自然；"春之美"诗词大赛；生命安全教育月	专题探究诊病因，深度学习促发展——期中加油站
5	劳动教育月；爱劳动，守规则，明礼仪	劳动最美丽；劳动情感价值观、劳动技能教育月	生活技能大比拼我的卧室我整理
6	快乐童年月；庆祝六一	欢庆六一；盘点收获，纪念成长；学习方法总结月	忆童年　逐梦想来日方长
7	知识梳理月——怀揣目标向前行，眼望远方有作为	验收成长，诚实守信践行月；暑期规划，假期安全教育月	能力课程总动员
8	趣味活动月——实践中学知识	快乐暑假，社会实践拓展月	欢乐暑假，安全在心中
9	培养好习惯，辨别是与非；脊梁念桃李，书签寄师恩	学规范、正行为、养习惯，尊师长、爱集体、运动秀；学期班级建设月	好习惯助我成长
10	我和我的祖国；中秋节重阳节节日课程	祖国我爱您，国庆歌咏比赛、朗诵会，爱党爱国教育月	以国家为榜样，规划再前行
11	成果展示月：眼有目标，心有规划，行有方法	感恩与我同行；细数学习收获，安全牢记心间；全国消防安全月	勤学苦练酬壮志，厉兵秣马闯雄关
12	课程展示月：盘点知识，收获成长	文艺嘉年华；分享收获，共享成长；能力课程提升月	脊梁秀场，我最亮

2.节日课程凸显传统文化教育。

节日是文化的一种，节日文化可以为学生的全面发展提供充足的养料。我国传统的节日具有浓厚的地方特色与生活气息，积淀了丰富的文化底蕴，承载着深厚的传统优秀文化。在教育越来越重视多元文化的今天，对节日文化的开发与利用也显得越来越重要。学校的节日课程，结合中国传统节日设置课程内容。由学段、各年级结合学生特点自主实施，深受学生喜爱。

表 7　脊梁节日课程内容

节日	按照不同的学段开设不同课程
元宵节	做花灯、闹元宵；灯谜会、做元宵；元宵故事大讲堂
植树节	我给小树喝喝水；我为校园添点绿；快乐种植
清明节	网上祭扫活动；缅怀烈士征文活动；走进革命烈士陵园
端午节	五月五，唱歌谣；忆屈原，佩香袋；快乐"粽"动员
劳动节	劳动技能 DV 展；小鬼当家；劳动能手 PK 赛
儿童节	争当优秀红领巾；爱心跳蚤市场；童声红歌赛
教师节	小小贺卡表心意；"我"为老师唱支歌
国庆节	我爱祖国绘画赛；国庆诗歌朗诵会
中秋节	巧手做花灯；中秋知识文化竞猜
重阳节	重阳故事大比拼；小手拉大手活动

3. 实践课程落实五育并举。

实践课程是一门强调以学生的经验、社会实际、社会需要为核心，以有效地培养和发展学生解决问题的能力、探究精神和综合实践能力为目的的课程，充分落实五育并举。

——礼仪实践。

礼仪课程为 20 分钟小课，分为好习惯、生活技能、礼仪修养等板块。

低学段主要包括好习惯、生活技能、礼仪修养。好习惯主要围绕学生的坐、立、行、走、课堂常规、个人卫生、生活自立等内容进行；生活技能主要围绕学生的课桌、书包、书包柜的整理与码放，课前学习用品的准备，课桌椅及地面的保洁整理等内容进行；礼仪修养主要围绕仪容、举止及语言等个人礼仪和如何与他人友好相处的交际礼仪等内容进行。这一课程重在培养孩子的良好习惯和文明有礼的举止。

中学段和高学段主要是在低学段的基础上继续学习礼仪知识，包括家庭、学校、餐桌等方面的生活礼仪，还包括出门、特殊场合、媒介和涉外等方面的公共礼仪。高学段主要和传统文化结合，在古籍经典中学习中华传统礼仪，领略博大精深的中华传统文化，体会和学习古人的优雅与谦谦君子的风范，增强学生的人文素养。

礼仪课程将德育目标按从低到高分为三个学段，每个学段都要全面系统的实施。各个学段礼仪课程的具体内容、途径和方法，是依据不同年龄段学生的认知与实践能力而设计。低中学段开设国学课以"诚、勤、善、正、礼"为目标，设置国学小常识、经典诵读、中国脊梁人物故事讲解等内容。高学段在低中学段基础上扩充丰富学习材料，选讲四书五经如《大学》《论语》《孟子》《中庸》《诗经》《尚书》《礼记》《易经》等经典古籍，侧重培养学生对国学文化的鉴赏能力。学习形式为辩论赛、表演、演讲、视频学习等。其目的就是培养学生对传统文化的热爱，从而积淀深厚的人文素养。

——学科实践。

追随"互联网＋"时代脚步，三年级老师们结合"共享单车"实际应用，在巩固时间换算、整数乘除法基础上，带领学生探索绿色出行方式，开阔学生眼界，增加学生生活阅历。四年级为了让学生在操作中体会三角形的稳定性等数学知识在实际生活中的应用，开展了"巧手制作牙签桥、我是小小桥梁设计师"的数学实践活动。学习知识、发展思维、丰富创意、提高动手能力，体验成功的快乐，学生乐在其中，创造无限。

——体育实践。

学校通过体育大课间、家庭小空间途径引导学生积极参与体育锻炼。跳绳、跑步、武术操、有氧运动操等内容，不断丰富学生的体育实践。学校每年10月会进行"运动就健康，健康我快乐"健康秀场活动，每年冬季开展冰雪嘉年华活动等，不断为学生体育实践营造氛围，搭建舞台。为了贯彻习近平总书记提出的"让孩子们跑起来"的教育理念，提高学生的身体素质，引导学生快乐运动，学校组织学生在奥林匹克森林公园北园开展悦跑活动，引导学生热爱运动，健康生活，促进自身全面发展。

——美育实践。

为了让学生能感受中华传统文化的精华，接受中华传统文化和传统美德的熏陶，在其中欣赏美、感受美、创造美，学校通过了美育进课堂、国画书法小课堂、"小小舞台"等内容，丰富学生的美育实践，在其中不断提高审美能力及鉴赏能力。

——劳动实践。

在实践课程中，学校更重视劳动课程的实施。利用不同节日组织学生开展不同的实践课程。如元宵节开展做元宵、做花灯；端午节包粽子；植树节在校园里种小树苗；谷雨时分进行点豆种豆实践课程；等等。

充分发挥劳动教育评价的作用，展示学生的劳动成果，对学生创新能力进行鼓励。开展劳动小能手、技能大比拼等活动，激发学生的劳动积极性，让劳动成为学生生活不可缺少的内容。展评学生劳动成果（作品），可在实践过程中进行，用现场实例促进操作的成功；亦可在实践结束后进行，主要是师生共同衡量和评价。评价采用多种形式：学生自评、生生互评、教师评价、家长评价等。

4. 研学课程凸显体验性。

研学课程是具有深远教育意义的文化探索和发现之旅，重在培养学生的文明素养和文化宽容精神，增进对不同文化的认识和尊重，使学生能够更好地认识和传承中国文化与历史传统。谚语"读万卷书，行万里路"正是研学的深刻体现。行走中的学习成为学生增长知识、开阔视野的一种有效的方式。研学课程有北京京内游、国内游、国外游等。

根据不同的学段，研学的目的性、内容、地点、评价方式各不相同。

低学段：学生走出熟悉的传统课堂，走出常规的校园，走进社会大课堂，通过参观博物馆、自然景观、名胜古迹等，在活动中感知、交流、学习。在活动中，有助于学生将学科内外知识有效结合，进一步体会理论指导实践的意义；有助于培养学生沟通、协作的能力；有助于学生接触社会，提高社会适应能力；更有助于在群体活动中树立正确的价值观，传播社会正能量。

表8 京内一日游课堂类别及内容（低学段）

类型	课程类别	课程内容
京内一日游：参观植物园、参观北京南宫世界地热博览园	自然类	1.参观植物园、森林公园等了解自然环境与人类发展关系 2.实地参观，了解植物生长特点，进而宣传环保理念
京内一日游：参观颐和园	文化类	1.参观颐和园的文化环境和特色景观，了解中国传统文化 2.实地参观，了解中国传统故事，培养审美鉴赏能力
京内一日游：参观荣宝斋和中国宋庆龄青少年科技文化交流中心	文化类、劳动教育类	1.参观中轴线文化特色，了解京味儿地区特色和京味儿文化 2.实地参观，动手参与劳动体验，在劳动参与中收获劳动乐趣和劳动成就，激发劳动兴趣、培养劳动能力
京内一日游：参观义利面包厂	文化类、劳动教育类	1.通过动手体验，参与劳动实践，感受劳动乐趣，获得劳动成就感 2.通过参观工厂和了解企业发展历史，感悟民族工业文化和民族品牌的精神内涵，传承先义后利的民族精神 3.通过劳动体验，切实提高劳动能力，为后续劳动教育的开展奠定基础

评价主要借助研学手册，通过学生自评、生生互评、师生评价，呈现学生研学成果，并借助走廊文化进行展示。

中学段：围绕德智体美劳全面发展的主线，对学生进行理想信念教育、爱国主义教育、革命传统教育、国情教育，引导学生坚定文化自信、传承非遗传统文化，培育学生的家国情怀。

课程内容设计重视培养学生的社会责任感、创新精神、实践能力，注重学生自主探究和多元化学习需求，帮助学生培养生活自理能力、集体观念，使学生养成自理自律自立、文明礼貌、互勉互助、吃苦耐劳等优秀品质。

表9　京内一日游课堂类别及内容（中学段）

类型	课程类别	课程内容
京内一日游： 北京南宫世界 地热博览园	自然类	1. 参观植物园、森林公园等，了解自然环境与人类发展关系 2. 实地参观中，了解植物生长特点、动物习性等，进而宣传环保理念
京外三日游：天津、张家口、南京、徽州、杭州、绍兴、黄山、苏州。 境外七日游：新加坡、日本、英国	地理类	1. 包括地理位置与地名、地理景观、地理环境、人文精神 2. 依托自然、人文地理环境，通过观察、访谈、操作等形式，了解当地文化 3. 品尝特色小吃，动手制作特色食物
京外三日游： 西安、南京	历史类	1. 参观古遗址，博物馆、老革命根据地、红色名人纪念馆；了解名人名事 2. 参观非物质文化遗产，学习并亲自体验非遗文化
京内一日游：北京科技馆 京外三日游：天津——航母主题公园	科技类	1. 参观科技馆，听取讲解，参与互动 2. 体验科技实验，初步体会科技作用；初步学会做简单的科学实验，了解科技研发的程序与方法
京外三日游：天津、张家口、西安、徽州、杭州、绍兴、黄山、苏州。 境外七日游：新加坡、日本、英国	人文类	1. 参观博物馆、文化馆、艺术馆等，实地感知、欣赏人文特色 2. 体验当地文化，欣赏文化艺术特色 3. 观察工艺、演艺，学习和实践工艺
京外三日游：张家口——冰雪运动教育	体验类	1. 走进体育场馆，观摩比赛，参与体验运动 2. 参与、体验劳动与职业训练，激发潜力，培育创新意识

研学课程中遵循操作性原则、参与性原则、评价主体多元化原则，从时间观念、纪律意识、文明礼仪、团队意识四个维度对学生进行评价。

评价主体：教师、学生、小组组员。

评价方式：教师集体点评；学生自评学习收获；小组互评组员每日研学表现。同时，借助研学手册记录评价过程。

高学段：在研学课程中，培养学生在国家和社会生活中的主人翁意识，在德、智、体、美、劳五个方面锻炼学生，树立未来成为社会主义建设者和接班人的理想和决心。在文化基础方面，感受祖国大好河山，感受中华传统美德，感受革命光荣历史，感受改革开放的伟大成就，培养学生对祖国、历史和文化的热爱，增强民族自豪感和自信心。在自主发展方面，积极调动各种感官去感受自然与社会，将课内外知识关联起来，培养学生的劳动意识、问题解决能力、技术应用等方面的实践能力和创新意识，掌握生活技能。

根据研学课程的区域，高学段研学课程包括市内研学、国内研学、国际研学三种类型。其中，市内研学在每学期中穿插安排。国内研学安排在每学期期末能力课程后。国际研学安排在寒暑假。研学课程的主题多样，主要包括工程场景与原理的探索体验、人文历史与艺术考察、科学与技术的探索与体验、社会机构与职业体验等类别。

表10　京内一日游课堂类别及内容（高学段）

类型	类别	内容
市内研学	工程场景与原理的探索体验	故宫——探访紫禁城，品味建筑魂
	人文历史与艺术考察	北京市中小学生"四个一"课程——中国人民军事博物馆、国家博物馆、首都博物馆、天安门升旗
	人文历史与艺术考察	民俗博物馆
	人文历史与艺术考察	彩绘体验
	科学与技术的探索与体验	科技馆——乐学知识，玩转科学
国内研学	人文历史与艺术考察	安徽——探寻水墨徽州，领略皖南风采
	人文历史与艺术考察	西安——览古都风貌，品秦韵文化
	人文历史与艺术考察	山东——研儒学经典，访圣人故里
	人文历史与艺术考察	江苏——访十朝都会，探水都姑苏
国际研学	人文历史与艺术考察	新加坡——融中新多元文化，展脊梁课程风采
	人文历史与艺术考察	日本——各美其美，美人之美，美美与共
	人文历史与艺术考察	英国——体验英伦文化，提升自我修养

研学课程的评价采用过程性评价和总结性评价相结合的方式。过程性评价是在每天任务结束后或某地行程结束后，借助篝火晚会或茶话会的形式，引导学生将自己或小组成果进行展示和分享，通过自评、小组互评、教师点评的形式，给予学生充足的指导。总结性评价是课程结束后，通过发放调查问卷的形式，让研学参与者（教师、学生）对研学课程设计与实施的整体和各个方面（衣、食、住、行、研、学、游等）进行评价，根据问卷结果分析，对研学课程进行总结性评价。

（四）脊梁卓越能力课程

脊梁卓越能力课程是面向有特长的学生，尊重学生个性化发展。主要以社团形式实施课程。课程内容丰富，如冰球、队列滑、足球、合唱、弦乐、啦啦操、舞蹈、流行舞、跆拳道、七彩梦绘画、戏剧表演、航模等。学校会为学生选聘专业教师，培养学生专业素养，助力学生朝着专业化方向发展。

几年下来，课程的引领，教师的教育引导，学生得到长足的发展。尤其是"北极星"冰球队，成绩突出。学校现在是北京市奥林匹克全国冰雪运动特色学校、全国奥林匹克教育示范校。黄诗瑞同学是2020年北京冬奥会宣讲团唯一一名学生宣讲员。学校"炫动"花滑队、健美操队、脊梁梦想合唱团、弦乐团在国际、国家、北京市等各级大赛中获奖。

三、课程评价

在课程评价方面，遵循科学性原则、可操作性原则、参与性原则、评价主体多元化原则，体现综合素质的全面性评价、过程性评价、学期增值性评价，通过数字校园已探索出过程性评价与总结性评价有机结合的评价体系。学校更注重过程性评价，关注学习习惯、学习质量、自主管理等内容，随时随地地评价，让学生的学习更主动、更自觉、更有动力。终结性评价通过自评、师评、生评、家长评等多种评价方式，在德智体美劳等方面进行全方位评价，包括个性特长发展等，让评价更多元、更立体，也正应了《深化新时代教育评价改革总体方案》中提到的"探索开展学生各年级学习情况全过程纵向评价、德智体美劳全要素横向评价"。评价体系的完善成为课程建设的一大支点。

（一）常规性评价

学生平时的各方面表现是综合素质评价的重要依据，为了让综合素质评价更全面客观，我们采取了常规性评价的方式。针对学生一天的在校表现从文明礼仪、课堂表现、队列行走、课间操和眼保健操五个方面进行评价，学校还专门印制了相应的奖卡由班主任和科任老师根据学生的表现颁发给学生。各班以周为单位进行各项统计，按全班奖卡总数的多少评五星模范班级和四星模范班级，同时，每位同学的奖卡数量会被班主任记录在成长记录袋中。这样，同学们的各项常规表现实现了量化评价，使评价更为客观和有说服力。

（二）展示性评价

为了让综合素质评价更全面客观，除了常规性评价外，学校还采取了展示性评价的方式，在各班的教室后墙、走廊的宣传展板上或者学校的微信公众号平台上，把学生的优秀作业、作品等进行展示。利用平时的班会、校会或者升旗仪式，给学生展示自己的机会。每学期期末，学校举办文艺嘉年华活动，给学生搭建展示才华的舞台，发展个性。

（三）拓展课程评价和综合素质评价

根据课程评价发展需要，学校专门请研发部门的工作人员开发了拓展课程评价系统和综合素质评价系统，评价完全通过网络完成。在数字校园平台中，学生和老师在"选修课模块"和"综合素质评价模块"中完成相关操作后，系统自动将该课程的师生数据、课程数据流转到相应模块。整个系统形成联动，选课、评价、成绩发布构成一个完整的过程，实现了快捷、高效。

综合素质评价内容涉及个人喜好、学习情况、体质健康、师长寄语等方面。按学科、活动分类共有以下模块：思想品德、语文、数学、英语、科学、道德与法治、音乐、美术、身心健康、综合实践活动、师长寄语、发展报告书等。

2016 年在北京市课程改革成果评选中，学校在北京市基础教育课程教材改革试验中被评为北京市基础教育学生评价工作先进单位。

多年的脊梁课程一体化建设，为学校师生发展赋能，让学校发展走上快车道，已成为学校的生命线！学校变化日新月异，成为海淀区新优质学校，成为家门口家长最满意的学校。

第三节　提质增效，做好服务

依据区"双减"和五项管理工作各文件，学校从工作原则、工作内容、工作措施等方面进行内容的确立，让各项工作目标明确，具有可操作性，明确到人，明确到事。通过教师会、家长信、学生集会等方式，向教师、家长、学生宣讲"双减"和五项管理工作。结合学校"双减"和五项管理工作方案，学校通过教师定期自查、自检及家长问卷调查等方式，反馈工作落实情况，及时发现问题，及时解决，让"双减"和五项管理工作富有实效。

一、开展教学主题月研讨

从研究主题上，重点进行大概念下单元整体教学研究和"2/3+1/3"课程重构的研究；从实施途径上，突出大、小教研功能。从教研内容上、活动时间上、过程实施上、教学管理上，促进研究走向纵深。

从教研内容上，大、小教研指的是教研组大教研与备课组小教研。教研组大教研：组织专题学习、经验分享、集体备课展示、优秀教学课例展示等。备课组小教研：开展扎实的集体备课与小范围具有教研主题的教研活动，为教研组推出优秀研究教师与教研成果。

从活动时间上，各层级教研活动时间必须保证，不得它用。大教研时间为每月进修时间或下午5：30以后，每月一次。小教研时间由各备课组自行安排，每周2—3次，每次40分钟。

从过程实施上，以小课题研究推动教学研究。各教研组结合学校研究主题、学科教学现象、学情等情况选择一个小切口，确定一个小主题，组成小课题研究团队进行校本专题研究，确立小课题研究实施方案，实现"小主题、大研究"，提高教师研究能力、总结能力。学校从科研的角度为教师研究助力，指导教师出成果。开展丰富的教学活动：教师论坛、骨干教师展示课、教学研讨课、教学沙龙、经验分享等；聘请专家进校为教师进行学科专业指导、科研指导、专题讲座等。

　　从教学管理上，学校教学干部、学段主任深入教研组、备课组指导教学工作，提出加强教学质量的针对性措施和具体意见。学校为教师教研搭台，开展教学展示周活动。

二、突出课堂主阵地作用，提高课堂教学质量

　　1.坚持面向全体，关注每一个学生，平等对待每一名学生。关注个体差异，因材施教。根据学情进行有针对性的分层教学、分层指导。

　　2.突出"2/3＋1/3"课程重构的内涵，从课程内容、教学时间、学生参与度等方面充分发挥学生的自主性，体现合作、探究的学习，变革教学方式。

　　3.在集体备课基础上，凸显个人备课功能，突出符合学情与师情的教学特色。

　　4.不断开发课程资源，让课堂教学更体现宽度、广度，更有质量，让每个学生在课上能够学得会、学得好、学得足。

　　5.突出学案、学习手册的功能，让教学有的放矢。各备课组根据教学目标、学生学情，进行以提升学科课程核心素养为目标，关联真实情境的学案设计，开发利于学生学习能力提升、拓展学习外延的学科学习手册，体现基础性、发展性、开放性的学习内容，包括必做和选做。指导学生用好错题本，引导学生做好积累、反思与总结，提高学习质量。

　　6.开展听评课活动，促进教师在研讨中能力得到提升。

三、突出作业功能，整体统筹设计与实施

在《北京市关于进一步减轻义务教育阶段学生作业负担和校外培训负担的措施》中明确指出"有效减轻学生过重作业负担"，并从"统筹作业管理、控制作业总量、加强作业设计指导、用好课余时间"四个方面提出具体要求。北京市第二十中学附属实验学校全面落实通知要求，在作业管理、作业研究、作业实施、作业批改等方面进行了全方位推进，充分落实五育融合，发挥作业育人价值，帮助学生巩固知识、形成能力、培养习惯，促进学生全面发展。

（一）统筹管理，突出"有序"

1. 发挥管理层职能作用，链条运转。

由备课组长负责统筹学科作业类型、形式、内容、时间等，提前一周上报教研组长审核。教研组长审核通过（提出整改意见）后，由备课组长上报年级组长，年级组长结合各学科作业情况做好年级作业的统筹，公示给年级所有教师。做到各层面职责清晰，内容明晰，具有可控性，形成完整的链条管理。

2. 发挥运行层调控作用，动态把控。

对因教师或学生临时出现情况需要进行作业调整的，由学科任课教师与备课组长说明具体情况，即进行作业微调的原因及调整后的作业方案、学生可完成的时间等内容，填写作业微调单。如是年级整体需要对作业进行微调，需由备课组长向教研组长进行作业微调说明，教研组长同意后，报年级组长申核后，方可进行年级整体的作业微调，并在班级、年级进行公示。这样的机制，确保作业管理的严肃

性，也给了教师临时处置的权限和空间。

3. 发挥作业公示功能，及时跟踪。

学校通过走廊展板、班级电子屏方式在周一对当周的作业进行公示，让学生提前知道。同时，当天的作业内容会在黑板一侧呈现，学生通过"作业记录本"记录作业，便于家长对学生作业情况的了解。通过多种形式的公示，体现了教师与学生、学生与家长之间的有效沟通。

作业公示还有一个效能——作业时间的及时跟踪。教师在布置作业时，有评估时间。学生在完成作业的时候，自主计时，写在作业本上。第二天上学，老师会统计学生实际完成作业的时间，和评估时间比对，形成作业时间的互评。这样做，一是可以让学生更好地做好作业的管理，尤其是时间管理，做作业不拖延，养成好习惯；二是利于教师了解学生完成不同类型作业的情况，在之后作业布置的过程中，可以不断丰富作业的内容、类型、形式。在相对时间内让作业效能最大化，促进学生学习质量的提高。

（二）作业研究，突出"有法"

作业是课堂教学的延伸和拓展。作业研究要与课堂教学研究融合在一个整体，真正让作业成为"教"与"学"的交会点。

1. 明确目标。

学校将作业研究作为教研组、备课组教研的重要内容，提出在作业设计上要以提升学科课程核心素养为目标；要精准服务于课堂，与教学目标、课堂教学一致，提高学生学习质量；要增强作业的针对性、实效性、趣味性和差异性，实现增效减负。

2.搭建平台。

学校为教师的研究搭建平台。每学期初、学期末通过学校"教师论坛"活动进行作业设计与实施的研讨,引导教师不断总结在实践中的做法与思考,促进教师相互学习与借鉴,不断提高作业的设计与实施的能力。

3.定期展评。

学校每学期开展两次作业展评。学期中,以年级组为单位进行学科作业展评,促进教师横向学习,整体推进年级学科作业建设;学期末,以学科组为单位进行学科作业展评,促进教师间纵向学习,凸显学科特色作业建设。

(三)作业实施,突出"有效"

1.研发同步练习册,体现校本化。

在研究的基础上,学校组织各年级、学科备课组长、骨干教师研发编写学生学科练习册。从编写体例上,以课、单元进行设计,体现"基础部分"与"提高部分";从内容呈现上,体现学科学习的基础性、实践性、综合性;从应用上,体现课上与课下相统一;从审核上,体现备课组长—教研组长—学校教学主任的全过程,确保编写质量。在命名上,各学段不同。低学段为"随堂练",中学段为"课课练",高学段为"同步练"。学科同步练习册的编写,成为教师、学生训练的抓手之一,同时从时间上、质量上科学指导作业的过程。

2.丰富作业类型,体现实效性。

在基础性作业基础上,教师不断开发课程资源,进行拓展延伸和综合实践等类型的作业,同时探索跨学科作业。如五年级数学,"生活中有很多物体的表面是平行四边形、三角形或梯形，请你任选一个图形测量底和高，计算出图形的面积"。如三年级语文，"讲一讲《在牛肚子里旅行》的童话故事。"四年级语文，完成"我是观察小达人"观察实践活动，时间约一周（9月10日—9月17日），本次观察主题是植物的生长，如水培豆芽、大蒜、白菜根等。建议：1.选择适量物品，在透明器皿中进行观察实验。（器皿不要过大）2.每天用心观察并及时记录，完成"植物生长"的观察记录表，包括观察对象、时间、植物的状态（外形、颜色、气味等）、观察感受，调动多种感官去观察，并以图文结合方式去记录。3.9月18日早上，请大家将观察物体以及"观察记录"带到学校与大家一起交流分享。4.同学们可以用照片更好地记录植物的成长过程。这样的作业设计，学生从课内学习走向课外，学习与实践有机结合，跨学科整合，学习外延不断扩大，深受学生喜爱。

3.设计分层作业，体现可选择性。

分层作业，重点体现在作业内容的分层，即基础层作业和能力层作业。教师充分考虑学生的兴趣爱好和优势特长，提供不同难度、不同类型的作业，由学生自主选择，满足不同学生的发展需求。作业布置上也有必做作业与选做作业。这样多样化的作业，既面向全体学生，又兼顾学生的差异化，为学生个性化发展提供平台。

（四）作业批改，突出"有质"

作业批改的质量是提高作业质量、提高教学质量的重要途径之一。在这方面，学校教学管理规程中有明确规定，指导教师实践。

各个年级设定的本簿内容、规格要统一，在书写格式上要规范要求。

批改要及时、规整，书写端正，批改符号统一，评价有等级，有日期，有记录。可简单附上批语。

作业要做到全批全改，不得有漏批、误批、不批现象。对作业中出现的共性问题，可进行集中讲评指导；对学生的个性问题，可进行单独交流指导；引导学生根据作业批改结果，及时订正改错，反思存在的问题，更好地开展后续学习。

学校为学生编制了错题本，指导学生总结错题的原因、对应的相关知识点，引导学生不断探寻错误本质，不断改进与提升。

教师的复批要跟上，不要让一个学生掉队。做好过程性评价。

作业统筹与管理、作业设计与实施这些内容，老师们正在不断地实践中研究、探索。这项工作也是学校持续跟进及发展的重要工作。下一步，学校在单元作业规划及实施分析、借助评价与反馈提升作业指导的品质这两个方面进行深入研究，充分发挥作业在提质增效中的作用。

四、整体规划，丰富内容，全面做好课后服务

学校全面落实党中央、国务院、教育部关于切实减轻学生校外培训负担和作业负担的工作部署，依据《北京市关于进一步减轻义务教育阶段学生作业负担和校外培训负担的措施》，全面落实课后服务工作，遵循五育并举、尊重学情、自主选择的原则，践行"以学生为中心"的理念，整体规划设计，体现优质服务、个性服务，实现了课程资源全覆盖、教师全员齐发力、学生自主全参与的局面，增强了教育

服务能力。

（一）整体规划，开发资源

1. 成立学校领导小组。

学校成立了课后服务领导小组，明确职责。由校长负责学校课后服务工作的总体统筹、调动、指导。教师与课程发展中心做整体的课程管理，学段主任具体执行，学生发展中心做学生管理，教师与学生服务中心做安全管理。各职能部门联动管理。

2. 合理安排时间及内容。

15：30—16：30，主要进行校内活动课，包括拓展选修课、校本课程、综合实践活动、劳动等内容。16：30—17：30，主要包括课业辅导、综合素质拓展活动、体育活动、社团活动等内容。

3. 有效开发与利用资源。

学校现有任课教师 145 人，做到 100% 全覆盖。党员、干部、区学科带头人、骨干教师、校骨干教师在其中发挥先锋、骨干作用。学校教师开发符合学生特点的课程为学生提供更优质具体的服务。同时，做到教师跨学段教学，满足学生对课程的需求。对学生感兴趣的课程，如口才与沟通、团扇制作、绒花制作等课程，学校引入校外有专业资质的教师参与。

学校开放各种助于课后服务的资源。整合校内现有教室资源，包括普通教室、各类专业教室（如实验室、舞蹈教室等）、各种体育场馆，根据不同类型课程内容合理进行教室安排。同时，开发阅读区、自习区等公共区域，作为学生课后服务的地点使用。

（二）建立机制，严格监管

为了满足学生个性发展需求，学校引入非学科类校外培训机构入校参与课后服务，如戏剧、街舞、鲁班创意手工、面塑等。为了更好地保证课后服务质量，学校建立机制，严格监管校外机构及授课教师。

在准入评估方面，教师与课程发展中心对校外培训机构单位资质、负责人及任课教师资质、身份证、单位近三年的工作内容及成果等进行检验。学校服务中心将教师身份证号拿到公安局查验是否有违法乱纪行为，如有此情况，坚决不聘用；没有此情况，学校通过校务会研究决定是否聘用。如聘用，学校与机构、教师签订聘用合同，按类别进行登记、备案、存档。

经过认定准入的机构及教师，学校会召开例行工作会议，明方向、讲要求，确保教师在管理上、教学品质上、学生观等方面与学校保持一致，提高服务质量。

在质量监控上，由各学段主任进行具体管理与考核，包括出勤、学生上下课管理、教具学具准备、课上讲解与指导、学生阶段成果等，对发现的问题及时与教师、机构负责人沟通，并提出改进意见。同时，每月以学生满意度调查的方式检验教师教学情况。每学期末，学校通过课程验收的方式检验教学质量，并通过嘉年华的方式进行优秀课程成果展示。

在退出机制上，如出现学生满意度低、教学质量差、违反师德、出现安全事故等情况，学校坚决解除合同，终身不再聘用。同时，在聘用过程中，坚决不允许机构自行换老师。如有退出意向，机构要在合同期满前 3 个月向学校提出申请，学校校务会决定。

建立机制是做好课后服务的必要保障，严格监管是提高课后服务质量的有效途径，学校始终坚持为学生提供优质服务的理念，扎扎实实推进课后服务工作走向高质量。

（三）丰富内容，满足需求

1. 15：30—16：30 主要是校内活动课。

（1）拓展选修课。依托脊梁课程体系，设置提升学生素质的"脊梁"课程，落实科学素养、艺术素养、人文素养、健康素养、技术素养五大素养。学校为学生提供近百门课程。这一课程为学生菜单式自主选择，通过学校数字平台选课。每个学生可选择两门课程。学生根据自己选择的课程内容在年级、学段内进行跑班学习。所需学习材料均由学校提供。

（2）校本课程。主要有《阅读课程》《礼仪修养》《口语训练》，以实践课程培养学生阅读素养、礼仪修养及口语表达力。由班主任、副班主任进行。

（3）综合实践活动。由学科教师开展学科实践活动，可为本学科实践活动，也可为跨学科实践活动。

（4）劳动。包括劳动技术和劳动实践。学段不同，内容也不同。通过课堂学习、操练，掌握生活劳动技能，为生活服务。通过学生劳动照片、劳动竞赛等方式展示劳动成果。

2. 16：30—17：30 主要包括课业辅导、综合素质拓展、体育活动等内容。

课业辅导，包括学生写作业、教师答疑、双基辅导、能力提升等内容，确保学生在学校完成作业。通过教师面对面、点对点的指导，提高学生学习质量。

综合素质拓展活动，包括德育主题教育活动、娱乐游戏、艺术活动、劳动实践、社团活动等内容，丰富学生的课后服务学习生活。

体育活动按年级进行。由体育教师进行学期计划指导，安排体能训练、队列训练、体育游戏等内容，满足学生体育锻炼的需要及兴趣。

（四）全面保障，提高质量

1. 薪酬保障。学校将课后服务效果纳入绩效工资方案，对教师参与课后服务予以经费保障，合理分配，确保任课教师按劳取酬、优质优酬。

2. 时间保障。学校为提供课后服务的老师提供3个弹性坐班时间，分别为早上7:40—8:20、中午11:30—14:00、晚上16:30以后，老师们可以根据自己的工作安排合理选择弹性坐班时间，以保障教师在工作的过程中劳逸结合，保证课后服务的质量。

3. 安全保障。制定学校课后服务期间校园安全方案和应急预案，规范学校工作人员的岗位安全责任。强化活动场所安全检查和门卫登记管理制度，保证课后服务安全进行。

第四章　脊梁教师一体化成长体系

　　教师专业发展，是现代化教育发展的要求，是学校发展的不竭动力，更是教师在为学生专业服务的过程中实现自我人生价值的需要。一名教师，从入职的新任教师发展到成长型教师，从成长型教师发展为专家型教师，要经历不同的发展阶段，这就需要学校站在教师教育一体化的角度全面规划教师的专业发展。北京市第二十中学附属实验学校是一所九年一贯制学校，学校的教师来源有一个突出的特点：每一年来校工作的教师多为应届博士、硕士毕业生。这些教师具有以下特征：一是学历高，目前，学校教师研究生及以上学历占65%；二是专业素质高，具有超强的学习力、研究力、实践力、思考力；三是创新力强，有思想，不受束缚，乐于挑战，与时俱进；四是精力充沛，年轻有活力。

第一节　教师专业发展状态

　　围绕学校教师对自身、学生、家长、学校等方面的看法，我们做了问卷调查，了解当前学校教师工作、生活、学习的现状特征。一方面，使学校在提升教师工作动力、职业幸福感的管理实践更加精准和有的放矢；另一方面，就是借助对教师群体的多维度分析，从教师的视野看学校发展现状及未来发展之路，为完善学校内部治理体系，挖掘未来学校内生增值因素，提高学校效能，找到一条适合自己的内涵式发展之路做一些数据诊断支持。

一、教师队伍基本情况

（一）性别 ★ 教龄（年龄段）

对调研变量"性别"和"教龄"做交叉分析可以看出，参与调研的男性教师的教龄均在 5 年以下（含），约有 81.82% 的教龄在 3 年（含）以下。女性教师中 5 年教龄以下的教师占到了约 73.22%，其中 3 年（含）以下教龄的占到了 45.54%。15 年以上教龄教师只占到 9.82%。从学校教师不区分性别的教龄数据中可以看出，学校教师以 5 年以下教龄的教师为主，占到 75.61%。其他教龄段教师分布差异相对较小，尤其是在 10—20 年教龄的教师，只有 7.14%。

男性教师中 54.55% 在 29 岁以下，45.45% 年龄在 30—35 岁。女性教师中约有 55.36% 的年龄在 29 岁以下，30—35 岁的女教师占到 30.36%，其他三个年龄段教师相对较少。从学校教师不区分性别的年龄段数据中可以看出，学校教师各年龄段梯队分布相对不均衡，教师年龄段主要集中在 35 岁以下，女教师占到 86.99%，其中 29 岁以下教师占到 55.28%。

（二）职务＊性别（教龄、年级、学科）

在男教师中从事班主任工作的占到 36.36%，普通教师的比例是 63.64%。在女性教师中从事班主任工作的占到 53.36%，普通教师比例为 52.68%。骨干教师或学科带头人（教研组长等），中层干部（教学主任、德育主任、总务主任等）主要在女性教师中，男性教师中没有；骨干教师或学科带头人（教研组长等）在教师中的占比也只有 7.32%，主要在女教师中。

从事班主任工作的教师教龄在 5 年（含）以下的，占到 81.82%，其中 51.52% 是教龄在 3 年（含）以下。担任年级组长的教师教龄均在 5—10 年，占到 62.5%。骨干教师或学科带头人（教研组长等）教龄约有 44.44% 在 5—10 年，约有 33.33% 的教龄在 20 年以上，10—20 年教龄的教师占到 22.22%。

骨干教师或学科带头人主要分布在六年级占到 44.44%，其次是七年级，五年级、四年级和一年级，也有一部分分布。可以看出骨干教师或学科带头人主要分布在小学阶段，中学阶段相对比例较少。中层干部（教学主任、德育主任、总务主任等）主要是由六年级、九年级、二年级和一年级的教师组成。

语文教师中担任班主任工作的比例最高，达到 28.79%，其次是数学教师。语文学科中骨干教师或学科带头人的比例相对较高，约占 33.33%，数学、英语学科教师分别占到 22.22%，数学和道德与法治学科中也分别有 11.11% 的骨干教师或学科带头人，除此之外其他学科没有骨干教师或学科带头人。从事年级组长岗位的主要集中在语文、数学学科中，中层干部（教学主任、德育主任、总务主任等）主要是语文与数学学科的教师。建议可适度对除语文、数学学科外其他学科教师提供更多成为骨干教师的支持。

（三）年级＊性别（教龄、年龄段）

男性教师在六年级比例最高，达到 23.08%，在七年级中最少，各年级女教师占比均超过 76%。

各年级段均是 3 年（含）以下教龄教师占比最高，均超过 40%。一年级中没有 10—15 年（含）教龄段的教师；三年级中没有教龄在 10 年以上的教师，以 5 年以下教龄教师为主，占到了 91.3%；四年级中 5 年以下教龄教师占到 92.86%，但有约 7.14% 教龄在 20 年以上的教师。在九年级中 20 年以上教龄教师占比最多，占到 20%。其他年级段，各教龄段教师均多少有一些分布。

二年级、三年级均有 70% 以上的教师年龄在 29 岁以下，四年级、九年级分别有 60% 以上的教师年龄在 29 岁以下，三年级的教师年龄均在 35 岁以下，五年级教师有 94.95% 在 35 岁下。

（四）学科＊性别（教龄、周课时）

学校男教师主要分布在体育、语文、数学、美术学科中，其中体育学科比例最多，占到 60%，其次是美术学科，占到 14.29%，除了体育学科外基本以女教师为主。

语文、数学、英语、音乐、道德与法治学科都有一定比例教龄在 20 年以上的教师；数学和英语、科学学科中各有一名教龄在 15—20 年（含）的教师；物理、化学学科均是教龄在 3—5 年（含）的教师，历史学科则以 29 岁以下教龄段教师为主。

二、教师自我效能感、职业认同、职业倦怠感及情绪智力

（一）教师自我效能感

教师自我效能感是教师自身教学能力和专业知识能影响和帮助学生的一种信念。教师自我效能感对于工作具有重要影响，教师是否感到在工作中充满活力，是否积极主动奉献出自己的时间、精力去帮助学生成长，是否会比其他教师投入更多的精力去提升自己，这些都会受到教师自我效能感的影响。教师自我效能感也会影响其在工作中的动机取向，从而对个体采取的具体行动产生影响。教师成就目标的不同，所对应的教师自我效能感和工作投入程度不同。

教师自我效能感是衡量教师工作的重要指标，它的来源是学生喜爱，校领导、同事及家长认可等因素共同作用的结果。对于教师自我效能感可以从三个维度展开测量，学生参与效能感、教学策略效能感及课堂管理效能感。学生参与效能感代表教师对自身是否善于同学生沟通，帮助学生重视学习，促进学生参与学习活动的知觉；教学策略效能感代表教师对自身是否善于采用恰当的教学与评估策略来满足全体学生需求的知觉；课堂管理效能感代表教师对自身是否善于通过制定规则、维持课堂教学秩序、确保各项活动顺利进行的知觉。

调研采用李克特五点量表作答与计分，1 为"完全不符合"、2 为"大部分不符合"、3 为"一半符合"、4 为"大部分符合"、5 为"完全符合"，题目多数为正向描述题，反向题反向计分。各层面题项加总平均后即为教师对各维度所测变量的知觉情况。此外，通常李克特五点量表计分方法以 3、3.75、4.25 为对被试得分高低进行判断的临

界点，本报告也采用该评判标准。具体而言，各维度得分处于3分以下，为差或低程度水平；得分介于3分与3.75分，为一般程度水平；得分介于3.75分与4.25分，为较高程度水平；得分处于4.25分以上，为非常高程度水平。

教师在学生参与效能感、教学策略效能感、课堂管理效能感三个构成指标上的知觉情况（见表1），可以看出学校教师自我效能感得分在4.34分；处于非常高程度水平；教师在学生参与效能感上较弱一些，得分在4.22；学生参与效能感维度中，教师在"我能激励那些不愿意做作业的学生完成作业"相对感知水平最低，为4.15分。

表1 教师自我效能感

指标	测量题项	编码	均值	均值
学生参与效能感	我能激励那些不愿意做作业的学生完成作业	b9	4.15	4.22
	我能让学生对学习重视起来	b10	4.2	
	当学生的心思不在课堂上时，我通常有办法让他们回到正轨	b7	4.31	
教学策略效能感	我能为学生提供一些好的、激发他们思考与解答的问题	b11	4.43	4.41
	我能采用多样化的评估策略来评估学生	b14	4.39	
	我知道什么样的课堂流程能让课堂活动高效进行	b2	4.407	
课堂管理效能感	如果有学生在课堂上发出噪音和制造混乱，我确信自己有办法快速让他/她重新集中注意力	b1	4.301	4.41
	我具备非常有效的课堂管理技能	b8	4.24	
	我能让学生遵守班级规则	b12	4.41	
	我能与学生共同制定规则来确保教学活动顺利进行	b13	4.49	
	我能向学生传达我对规范的课堂行为的严肃态度	b4	4.6	
教师自我效能感				4.34

从表2中可以看出，不同性别、教龄、年龄、学历、年级及学科的教师自我效能感是不同的。女教师的自我效能感要高于男教师。20

年以上教龄的教师自我效能感最高，3—5 年（含）教龄的教师次之，其次是 15—20 年（含）教龄的教师。教龄在 3 年以下的教师，自我效能感相对较低，但也处于较高程度水平；36—40 岁年龄段的教师，自我效能感偏低，尤其是在学生参与效能感上最低。本科学历的教师自我效能感较高，有 4.64 分，处于很高程度水平；博士学历最低，为 3.78 分。普通教师的自我效能感相对较低，为 4.18 分；中层干部（教学主任、德育主任、总务主任等）的职业认同感相对较高；八年级的教师自我效能感较低，只有 3.98 分，九年级、六年级、七年级相较于其他年级也低，最高的是四年级，达到 4.6；音乐学科教师自我效能感最高，信息技术、历史学科教师相对于其他学科教师自我效能感较低。

表 2　多指标下教师自我效能感各维度的差异

	学生参与效能感	教学策略效能感	课堂管理效能感	教师自我效能感
性别				
男	4.06	4.15	4.07	4.09
女	4.23	4.43	4.44	4.37
教龄				
3 年（含）及以下	4.06	4.22	4.21	4.16
3—5 年（含）	4.43	4.6	4.58	4.54
5—10 年（含）	4.19	4.57	4.59	4.45
10—15 年（含）	4	4.4	4.44	4.28
15—20 年（含）	4.22	4.67	4.67	4.52
20 年及以上	4.67	4.71	4.78	4.72
年龄段				
29 岁及以下	4.18	4.29	4.31	4.26
30—35 岁	4.26	4.58	4.53	4.46
36—40 岁	3.5	4.08	4.1	3.89

续表

	学生参与效能感	教学策略效能感	课堂管理效能感	教师自我效能感
41—45 岁	4.47	4.67	4.72	4.62
46 岁及以上	4.52	4.62	4.66	4.6
最高学历				
本科	4.55	4.67	4.69	4.64
硕士	4.09	4.31	4.29	4.23
博士	3.33	4	4	3.78
担任的职务				
班主任	4.3	4.5	4.5	4.44
年级组长	4.33	4.67	4.7	4.57
骨干教师或学科带头人（教研组长等）	4.33	4.7	4.76	4.6
中层干部（教学主任、德育主任、总务主任等）	4.67	4.73	4.92	4.77
普通教师	4.07	4.24	4.22	4.18
其他	4.29	4.33	4.4	4.34
年级				
一年级	4.3	4.49	4.46	4.42
二年级	4.32	4.39	4.38	4.36
三年级	4.39	4.45	4.45	4.43
四年级	4.57	4.69	4.53	4.6
五年级	4.43	4.57	4.5	4.5
六年级	4.03	4.33	4.37	4.24
七年级	4	4.36	4.43	4.26
八年级	3.72	4.08	4.14	3.98
九年级	3.9	4.3	4.4	4.2
学科				
语文	4.05	4.21	4.30	4.18
数学	4.27	4.47	4.44	4.39
英语	4.06	4.43	4.34	4.28
物理	4.00	4.67	4.40	4.36
化学	4.00	4.00	4.60	4.20

续表

	学生参与 效能感	教学策略 效能感	课堂管理 效能感	教师自我 效能感
历史	4.00	4.00	3.90	3.97
音乐	4.89	4.93	4.87	4.89
美术	4.48	4.67	4.74	4.63
体育	4.17	4.23	4.24	4.21
道德与法治	4.38	4.50	4.45	4.44
信息技术	3.00	3.00	3.40	3.13
书法	4.33	4.67	3.80	4.27
科学	4.20	4.67	4.60	4.49
其他	4.13	4.27	4.40	4.27
总计	4.22	4.41	4.41	4.34

学校教师自我效能感整体处于很高程度水平，但是在个别指标上相对较低，选取其中最低的指标b9（我能激励那些不愿意做作业的学生完成作业）来做进一步分析。可以发现，对b9自我评价程度较低的主要集中在10—15年（含）教龄的教师中，从年龄段来看是36—40岁的教师。学历是博士的教师在b9的自我评价较低。六、八、九年级教师在b9自我评价程度也较低，其中，六年级（3.54）、八年级（3.46），处于一般程度水平，六年级（3.77）、九年级（3.8）超过3.75不多，对这两个年级教师在此维度上也应多一些关注。信息技术、英语及语文学科的老师在b9也相对较低。建议对指标偏离于平均值的教师群体进一步关注，找到问题的根源，做有针对性的支持。

（二）教师职业认同

教师的职业认同主要是教师对教师工作本身的积极主动态度和热爱程度。有研究者认为，教师对职业的认同是一种内在激励，极大地影响教师在情感与行为上是愉快地从事教育教学还是消极或疏远自己的工作。教师个体受职业特征与教师职业环境的影响，是在外部社会制度规定和个人所理解接受的双重碰撞下逐渐形成和建构的。本文对于教师职业认同的分析，主要从角色价值观、职业行为倾向、职业归属感等角度出发探讨教师的职业认同感。学校教师的职业认同感测量指标及题项的均值见表3。学校教师职业认同感得分处于4.63分以上，为非常高程度水平。

表3　教师职业认同感

指标	测量题项	编码	均值	均值
角色价值观	从事教师职业能够实现我的人生价值	b33	4.51	4.56
	在做自我介绍的时候，我乐意提到我是一名教师	b34	4.59	
	我适合做教师工作	b35	4.53	
	我为自己是一名教师而自豪	b40	4.63	
职业行为倾向	我能认真对待职责范围内的工作	b36	4.78	4.71
	为了维护学校的正常教学秩序，我会遵守那些非正式的制度	b37	4.6	
	我积极主动地创造和谐的同事关系	b38	4.76	
职业归属感	我在乎别人如何看待教师群体	b39	4.63	4.63
教师职业认同感				4.63

从表4中可以看出，不同性别、教龄、年龄、学历、年级及学科的教师职业认同感是不同的。女教师的职业认同感要远高于男教师。不同教龄的教师职业认同感有所不同，但都处于非常高的水平，除了15—20年（含）教龄的教师职业认同感相对偏低一点。各年龄段教师职业认同感都处于很高程度水平，只有36—40岁年龄段的教师，职业认同感相对偏低；41—45岁年龄段教师的角色价值观相对较低，但职业认同感处于较高程度水平。不同学历教师的职业认同感有一些

差异，尤其是博士学历群体，认同感相对较低。不同岗位上教师的职业认同感都很高，认同度处于很高程度水平，只是普通教师的职业认同感相对较低，中层干部（教学主任、德育主任、总务主任等）的职业认同感相对较高，年级组长在角色价值观上相对偏低，普通教师在角色价值观、职业归属感上相对偏低。不同年级教师的职业认同感都很高，五年级的教师职业认同感相对较高，八年级的相对较低；信息技术、音乐、美术、科学的职业认同感相对较高，化学教师的相对较低，为4.11，处于较高程度水平。教师的职业认同对其工作绩效具有直接和间接的影响，教师若没有清晰的职业规划和终身追求学习的职业意识，就会在一定时期一定程度上产生职业倦怠。

学校管理者要对教师的成长和发展保持敏锐性，帮助教师做好职业生涯规划，鼓励教师进行终身学习、创新性学习和创造性教学，创造学习晋升的机会、营造自我发展的空间，为他们才智和潜能的充分发挥创造条件。让教师深刻感受到学校的关心和支持，对组织产生高度的情感认同，增强学校教师群体凝聚力，提升工作绩效。

表4　多指标下教师职业认同各维度的差异

	角色价值观	职业行为倾向	职业归属感	教师职业认同
性别				
男	4.41	4.39	4.27	4.36
女	4.58	4.74	4.66	4.66
教龄				
3年（含）及以下	4.54	4.67	4.60	4.60
3—5年（含）	4.60	4.69	4.67	4.65
5—10年（含）	4.68	4.86	4.71	4.75
10—15年（含）	4.60	4.67	4.40	4.56

	角色价值观	职业行为倾向	职业归属感	教师职业认同
15—20 年（含）	4.42	4.78	5.00	4.73
20 年及以上	4.44	4.88	4.50	4.60
年龄段				
29 岁及以下	4.53	4.68	4.62	4.61
30—35 岁	4.71	4.77	4.69	4.72
36—40 岁	4.25	4.50	4.25	4.33
41—45 岁	4.20	4.67	4.40	4.42
46 岁及以上	4.54	4.86	4.71	4.70
最高学历				
本科	4.69	4.83	4.72	4.75
硕士	4.52	4.66	4.59	4.59
博士	4.00	4.67	4.00	4.22
担任的职务				
班主任	4.62	4.80	4.73	4.71
年级组长	4.44	4.71	4.63	4.59
骨干教师或学科带头人（教研组长等）	4.50	4.89	4.78	4.72
中层干部（教学主任、德育主任、总务主任等）	4.75	4.80	4.80	4.78
普通教师	4.48	4.61	4.45	4.51
其他	4.71	4.71	4.71	4.71
年级				
一年级	4.51	4.70	4.65	4.62
二年级	4.64	4.68	4.42	4.58
三年级	4.62	4.68	4.70	4.67
四年级	4.80	4.79	4.86	4.82
五年级	4.85	4.83	4.83	4.84
六年级	4.58	4.74	4.62	4.65
七年级	4.38	4.72	4.69	4.60
八年级	4.31	4.62	4.62	4.51

	角色价值观	职业行为倾向	职业归属感	教师职业认同
九年级	4.38	4.83	4.70	4.64
学科				
语文	4.44	4.63	4.48	4.52
数学	4.52	4.69	4.63	4.61
英语	4.74	4.84	4.65	4.74
物理	3.75	5.00	5.00	4.58
化学	4.00	4.33	4.00	4.11
历史	4.13	5.00	5.00	4.71
音乐	4.81	4.85	5.00	4.89
美术	4.86	4.86	4.71	4.81
体育	4.43	4.37	4.10	4.30
道德与法治	4.78	4.75	4.63	4.72
信息技术	4.75	5.00	5.00	4.92
书法	4.50	4.00	5.00	4.50
科学	4.70	4.73	5.00	4.81
其他	4.30	5.00	5.00	4.77
总计	4.56	4.71	4.63	4.63

（三）教师职业倦怠

教师的职业倦怠为教师在长期高强度的工作压力之下，出现情感上的低落感、受挫感，以及鲜与他人交流，丧失工作热情，是一种非正常的心理状态。它分为四个维度：情绪衰竭、个人低成就感、去人性化、知识枯竭。情绪衰竭表现为个体的情绪情感处于极度的疲劳状态，工作热情完全丧失，是倦怠的个体压力维度；去人性化表现为个体以一种消极、否定、麻木不仁的态度来对待自己的同事和服务对象，是倦怠的人际关系维度；个人低成就感表现为个体倾向于对自己工作的意义和价值产生消极的评价，自我效能感丧失，是倦怠的自我评价维度。知识枯竭指教师无法很好地适应当前社会的急剧变革、知识的迅速更新以及多学科内容的交叉融合，难以应付学生提出的各类问题，再加上自身学习能力有限，从而引发的知识上的枯竭知觉。

从表5可以看出，学校教师职业倦怠程度整体处于较低水平，只是在情绪衰竭维度上相对偏高。从单向指标中可以看出，尽管教师也感觉工作很累，但是整体上仍然保持积极的心态、良好的人际交往、比较高的工作职业成就感，同时保持与时俱进的学习状态。

表5　教师职业倦怠感

指标	测量题项	编码	单场均值	指标均值
情绪衰竭	到下班时，我感觉已经精疲力竭，再也不想做任何事情	b41	3.40	2.92
	我有一种被工作耗尽了情绪情感的感觉	b42	2.80	
	从事这份工作以后，我变得比以前烦躁易怒了	b44	2.56	
去人性化	我积极主动地创造和谐的同事关系（反向题）	b38	1.24	1.31
	待人接物，我一直都是主动热情（反向题）	b87	1.33	
	我喜欢与学生相处（反向题）	b85	1.36	
个人低成就感	工作上的事情常常令我失眠、头痛	b45	2.37	2.04
	我花的时间和精力越来越多，完成的事情却比原来少	b46	2.02	
	如果有机会，我会转行	b51	1.72	
知识枯竭	我觉得近来记忆力有下降的趋势	b43	2.95	2.07
	跟新教学手段比起来，我更愿意沿袭旧方法，因为我对那些更有把握	b47	2.05	
	社会发展太快了，我感到越来越赶不上知识的更新速度	b48	1.91	
	我很难适应教育改革后对教师提出的新要求	b49	1.75	
	新鲜事物层出不穷，使我经常担心不能回答学生的课外知识问题	b50	1.67	
教师职业倦怠				2.08

从表6中可以看出，不同性别、教龄、年龄、学历、年级及学科的教师职业倦怠感是不同的。男教师的职业倦怠感要高于女教师，不

同教龄的教师职业倦怠都在低程度水平，只有 20 年以上教龄段教师的职业倦怠，略微偏高。41—45 岁年龄段的教师，职业倦怠感偏高，尤其是在情绪衰竭上最高（3.67）。学历越高，教师的职业倦怠感越高，博士学历的教师在情绪衰竭、低个人成就感及知识枯竭程度相对较高。年级组长的职业倦怠感相对较高，骨干教师或学科带头人（教研组长等）在情绪衰竭、个人低成就感、知识枯竭的维度上相对较高。七年级、八年级、九年级的教师职业倦怠感较高，三年级、七年级、六年级、八年级、九年级的教师在情绪衰竭维度上相对较高，可能需要对这些年级的教师多给一些情绪疏导或者情绪管理类的培训。化学教师的职业倦怠感相对较高，体育和书法教师的次之，美术教师则相对较低；化学、信息技术与音乐学科教师的情绪衰竭程度处于相对较高程度；化学、体育学科教师在知识枯竭维度上处于相对较高程度，可对这些学科教师给予一些有针对性的教育培训支持。

教师是教育实践活动的主体，是学生学习活动的指导者。教师在课堂教学中的情绪变化影响着教学的进程、教学的气氛和教学的效果。小学生在身心发展的过程中具有特殊性，这就要求教师具备积极稳定的情绪状态。教师稳定的情绪不仅关乎自身的身心健康、人际关系、专业发展，甚至还会影响小学生的身心健康。教师传授给学生的不仅仅是知识，更有情绪、情感和情怀。教师在课堂教学中的情绪管理能力是教师专业素养的重要组成部分。教师在课堂中以积极饱满的状态教学，能够调动学生积极愉悦的学习情绪，促使其对学习产生浓厚的兴趣，进而提高教师的教学质量。学校教师整体的职业倦怠程度不高，但是从单向维度指标来看，教师的情绪管理能力尚需进一步提升，对于知识枯竭维度等相对偏高的，建议学校给予更多的教育培训和交流的机会与平台。

表6　多指标下教师职业倦怠各维度的差异

	情绪衰竭	去人性化	个人低成就感	知识枯竭	教师职业倦怠
性别					
男	2.82	1.61	2.09	2.33	2.21
女	2.93	1.28	2.03	2.04	2.07
教龄					
3年（含）及以下	2.82	1.33	1.91	1.98	2.01
3—5年（含）	2.98	1.34	2.22	2.22	2.19
5—10年（含）	2.93	1.24	1.79	1.71	1.92
10—15年（含）	3.47	1.07	2.20	2.24	2.24
15—20年（含）	3.11	1.22	1.89	2.13	2.09
20年及以上	3.00	1.33	2.63	2.55	2.38
年龄段					
29岁及以下	2.79	1.34	1.97	2.00	2.03
30—35岁	3.01	1.25	1.97	1.97	2.05
36—40岁	3.67	1.17	2.33	2.55	2.43
41—45岁	3.67	1.40	2.67	2.52	2.56
46岁及以上	2.71	1.33	2.48	2.60	2.28
最高学历					
本科	2.84	1.22	2.06	2.12	2.06
硕士	2.94	1.34	2.02	2.03	2.08
博士	4.33	1.33	2.67	3.00	2.83
担任的职务					
班主任	2.96	1.20	2.06	2.02	2.06
年级组长	3.25	1.38	2.08	2.00	2.18
骨干教师或学科带头人（教研组长等）	3.30	1.07	2.11	2.11	2.15

	情绪衰竭	去人性化	个人低成就感	知识枯竭	教师职业倦怠
中层干部（教学主任、德育主任、总务主任等）	3.13	1.20	2.00	1.96	2.07
普通教师	2.79	1.43	1.97	2.02	2.05
其他	2.71	1.33	2.19	2.26	2.12
年级					
一年级	2.58	1.28	1.80	1.87	1.88
二年级	2.60	1.33	1.92	2.03	1.97
三年级	3.28	1.30	2.10	2.12	2.20
四年级	2.86	1.24	2.12	2.10	2.08
五年级	2.37	1.13	1.74	1.62	1.72
六年级	3.13	1.15	1.87	1.91	2.02
七年级	3.44	1.36	2.23	2.28	2.33
八年级	3.15	1.49	2.23	2.42	2.32
九年级	3.17	1.40	2.33	2.34	2.31
学科					
语文	3.05	1.39	2.31	2.28	2.26
数学	2.93	1.31	1.95	1.99	2.04
英语	2.63	1.27	1.88	1.89	1.92
物理	3.00	1.33	1.33	1.60	1.82
化学	4.00	2.00	3.00	3.20	3.05
历史	3.00	1.00	1.83	2.20	2.01
音乐	3.33	1.15	2.30	2.22	2.25
美术	2.52	1.05	1.43	1.51	1.63
体育	3.13	1.63	2.47	2.58	2.45
道德与法治	2.79	1.25	1.75	1.78	1.89
信息技术	3.67	1.00	2.00	2.20	2.22
书法	3.00	2.00	2.67	1.80	2.37
科学	2.53	1.07	1.47	1.64	1.68

续表

	情绪衰竭	去人性化	个人低成就感	知识枯竭	教师职业倦怠
其他	2.73	1.20	1.93	2.00	1.97
总计	2.92	1.31	2.04	2.07	2.08

从表7可以看出，学校教师自我效能感与职业认同呈正向相关，教师自我效能感高的，职业认同感普遍偏高；教师自我效能感与教师职业倦怠呈负相关，教师自我效能感较高的职业倦怠感就会偏低，反之亦然。

表7 教师自我效能感、职业认同及职业倦怠

	教师自我效能感	教师职业认同	教师职业倦怠
性别			
男	4.09	4.36	2.21
女	4.37	4.66	2.07
教龄			
3年（含）及以下	4.16	4.60	2.01
3—5年（含）	4.54	4.65	2.19
5—10年（含）	4.45	4.75	1.92
10—15年（含）	4.28	4.56	2.24
15—20年（含）	4.52	4.73	2.09
20年及以上	4.72	4.60	2.38
年龄段			
29岁及以下	4.26	4.61	2.03
30—35岁	4.46	4.72	2.05
36—40岁	3.89	4.33	2.43
41—45岁	4.62	4.42	2.56
46岁及以上	4.6	4.70	2.28
最高学历			
本科	4.64	4.75	2.06

	教师自我效能感	教师职业认同	教师职业倦怠
硕士	4.23	4.59	2.08
博士	3.78	4.22	2.83
担任的职务			
班主任	4.44	4.71	2.06
年级组长	4.57	4.59	2.18
骨干教师或学科带头人（教研组长等）	4.6	4.72	2.15
中层干部（教学主任、德育主任、总务主任等）	4.77	4.78	2.07
普通教师	4.18	4.51	2.05
其他	4.34	4.71	2.12
年级			
一年级	4.42	4.62	1.88
二年级	4.36	4.58	1.97
三年级	4.43	4.67	2.20
四年级	4.6	4.82	2.08
五年级	4.5	4.84	1.72
六年级	4.24	4.65	2.02
七年级	4.26	4.60	2.33
八年级	3.98	4.51	2.32
九年级	4.2	4.64	2.31
学科			
语文	4.18	4.52	2.26
数学	4.39	4.61	2.04
英语	4.28	4.74	1.92
物理	4.36	4.58	1.82
化学	4.20	4.11	3.05
历史	3.97	4.71	2.01
音乐	4.89	4.89	2.25

	教师自我效能感	教师职业认同	教师职业倦怠
美术	4.63	4.81	1.63
体育	4.21	4.30	2.45
道德与法治	4.44	4.72	1.89
信息技术	3.13	4.92	2.22
书法	4.27	4.50	2.37
科学	4.49	4.81	1.68
其他	4.27	4.77	1.97
总计	4.34	4.63	2.08

（四）教师情绪智力

教师的工作不仅仅是教学，还需完成学校相关的工作任务，更要处理好与学生、家长、同事、领导之间和家庭的关系，使得教师必须拥有敏锐的情绪觉察系统，合理管理和运用自己情绪的能力。教师的情绪智力能够直接影响教师的心理状态，教师的情绪智力越高，越能保持自己的工作热情，以更加饱满的情绪参与工作。从教师职业倦怠感的分析中可以发现，情绪衰竭这个维度指标普遍相对偏高。有诸多研究表明，教师的情绪智力可以直接影响教师职业幸福感的高低。教师情绪智力的高低有助于帮助教师更好地抵御外部事物的困扰，降低职业压力，显著提高教学的效率。中小学教师情绪智力分为 4 个维度，即自我情绪觉察、他人情绪觉察、情绪运用、情绪管理。学校教师的情绪智力均值为 4.42，处于很高程度水平。

表 8　教师情绪智力

指标	测量题项	编码	均值	均值
自我情绪觉察	一般情况下，我知道自己各种感受的原因	b109	4.52	4.54
	我非常了解自己的情绪	b110	4.54	
	我非常清楚自己的感受是什么	b111	4.56	
	我总是知道自己是否快乐	b112	4.56	
他人情绪觉察	我总能根据朋友的行为知道他们的情绪	b113	4.40	4.37
	我是一个善于观察他人情绪的人	b114	4.40	
	我对别人的感受和情绪非常敏感	b115	4.26	
	我能很好地理解周围人的情绪	b116	4.43	
情绪运用	我总是为自己设定目标，并尽最大的努力去实现这些目标	b117	4.52	4.48
	我总是提醒自己，我是一个有能力的人	b118	4.39	
	我是一个能自我激励的人	b119	4.48	
	我总是鼓励自己要尽最大的努力去工作	b120	4.54	
情绪管理	我能控制自己的脾气，所以能理智地克服困难	b121	4.31	4.30
	我比较能够控制自己的情感	b122	4.36	
	当我非常愤怒的时候，总是能很快地平静下来	b123	4.23	
	我能很好地控制自己的情感	b124	4.30	
教师情绪智力				4.42

从表 9 可以看出，女性教师的情绪智力要高于男性教师。教龄在 15—20 年（含）的教师相对情绪智力感知水平较低，尤其是在他人情绪觉察、情绪运用、情绪管理上比较低。36—40 岁年龄段教师相对情绪智力感知水平较低，尤其是他人情绪察觉、情绪管理维度上都比较偏低。学历越高情绪智力越低。普通教师的情绪智力相较于其他岗位要低，其次是年级组长或班主任，中层干部（教学主任、德育主任、总务主任等）在情绪管理维度上偏低。八年级教师的情绪智力相对较低，尤其是在他人情绪察觉维度上。化学教师的情绪智力相对较低，在情绪管理上尤其低，为 3.75；书法、物理教师在他人情绪觉

察上偏低，书法教师在这个指标上为 3.50，处于一般程度水平。学校可根据教师在不同维度上的差异，做有针对性的心理疏导和情绪提升培训。

表 9　教师情绪智力各维度的差异

	自我情绪觉察	他人情绪觉察	情绪运用	情绪管理	情绪智力
性别					
男	4.27	4.11	4.11	4.11	4.15
女	4.57	4.40	4.52	4.32	4.45
教龄					
3 年（含）及以下	4.48	4.32	4.44	4.16	4.35
3—5 年（含）	4.54	4.45	4.57	4.50	4.51
5—10 年（含）	4.71	4.54	4.54	4.39	4.54
10—15 年（含）	4.70	4.30	4.35	4.20	4.39
15—20 年（含）	4.67	4.17	4.25	4.25	4.33
20 年及以上	4.63	4.31	4.53	4.41	4.47
年龄段					
29 岁及以下	4.50	4.38	4.50	4.23	4.40
30—35 岁	4.63	4.46	4.53	4.46	4.52
36—40 岁	4.38	3.88	4.06	3.88	4.05
41—45 岁	4.40	4.10	4.15	4.15	4.20
46 岁及以上	4.71	4.36	4.61	4.46	4.54
最高学历					
本科	4.69	4.53	4.67	4.42	4.58
硕士	4.49	4.31	4.41	4.25	4.37
博士	4.00	4.00	4.50	3.75	4.06
担任的职务					
班主任	4.60	4.45	4.58	4.33	4.49
年级组长	4.63	4.47	4.47	4.31	4.47
骨干教师或学科带头人（教研组长等）	4.83	4.56	4.64	4.31	4.58

续表

	自我情绪觉察	他人情绪觉察	情绪运用	情绪管理	情绪智力
中层干部（教学主任、德育主任、总务主任等）	4.80	4.40	4.80	4.20	4.55
普通教师	4.44	4.23	4.35	4.26	4.32
其他	4.57	4.46	4.43	4.32	4.45
年级					
一年级	4.55	4.26	4.52	4.39	4.43
二年级	4.58	4.50	4.46	4.40	4.48
三年级	4.51	4.40	4.49	4.22	4.40
四年级	4.61	4.52	4.75	4.39	4.57
五年级	4.72	4.47	4.72	4.72	4.66
六年级	4.73	4.46	4.48	4.33	4.50
七年级	4.44	4.50	4.42	4.21	4.39
八年级	4.40	3.98	4.13	4.08	4.15
九年级	4.55	4.40	4.48	4.10	4.38
学科					
语文	4.46	4.38	4.41	4.02	4.32
数学	4.45	4.28	4.35	4.29	4.34
英语	4.63	4.43	4.40	4.38	4.46
物理	4.75	3.75	4.25	5.00	4.44
化学	4.00	4.00	4.00	3.75	3.94
历史	4.50	5.00	4.63	4.38	4.63
音乐	4.75	4.72	4.97	4.39	4.71
美术	4.82	4.54	4.86	4.64	4.71
体育	4.40	4.03	4.33	4.30	4.26
道德与法治	4.63	4.56	4.59	4.41	4.55
信息技术	4.00	4.00	4.00	4.25	4.06
书法	4.00	3.50	4.50	4.25	4.06
科学	4.80	4.40	4.50	4.75	4.61
其他	4.70	4.35	4.80	4.40	4.56
总计	4.54	4.37	4.48	4.30	4.42

三、教师与学生、家长的关系

（一）教师对学生和家长的信任

教师对学生和家长的信任是指教师在多大程度上愿意相信学生是有能力的学习者、能够完成学业以及愿意相信家长能在教师教育教学过程中提供支持，是教师对学生和家长是否诚实、可靠、胜任等的判断与感知。本问卷选取了愿意冒险相信、可靠、胜任三个信任指标及其相应的测量题项，共涉及 5 个题项，具体见表 10。学校教师对学生和家长的信任程度得分为 4.26，处于很高水平，但是测量中可以发现，涉及"我认为大多数家长在养育孩子方面都做得很好"的指标上偏低，在某种程度上说明学校教师虽然对家长的信任程度相对较高，但是对家长教养水平还缺乏认可度，在家校共育工作上学校尚需做更多的关注。

表 10　教师对学生和家长的信任水平的均值

指标	测量题项	编码	均值	
愿意冒险相信	我愿意信赖我的学生	b15	4.61	4.52
	我愿意信赖学生家长	b16	4.44	
可靠	我学生的家长做出的承诺是可靠的	b18	4.01	4.01
胜任	我相信我的学生具有学习能力	b17	4.51	4.24
	我认为大多数家长在养育孩子方面都做得很好	b19	3.96	
教师对学生和家长的信任				4.26

从表 11 中可以看出，不同性别、教龄、年龄、学历、年级及学科的教师对学生和家长的信任程度是不同的。在学校，女性教师对学生和家长的信任水平要比男性教师高一些，女教师处于很高程

度水平，而男教师则处于较高程度水平。15—20年（含）教龄段及36—40岁的教师对学生和家长的信任水平相对较低；学历越低对学生和家长的信任水平越高，博士学历处于一般水平，与平均值有较大差距。骨干教师或学科带头人（教研组长等）相对其他岗位的教师对学生和家长的信任水平较低，班主任群体对学生和家长的信任水平较高；六年级、八年级教师对学生和家长的信任水平相较于其他年级要低一些，三年级、五年级的相对要高一些。物理、历史、科学教师对学生和家长的信任水平相较于其他年级要低一些，音乐、数学学科的相对较高。

表 11 多指标下教师对学生和家长的信任各维度的差异

	愿意冒险相信	可靠	信任	教师对学生和家长的信任
性别				
男	4.09	3.91	4.14	4.05
女	4.57	4.02	4.25	4.28
教龄				
3年（含）及以下	4.44	4.00	4.21	4.22
3—5年（含）	4.61	4.12	4.38	4.37
5—10年（含）	4.61	3.93	4.29	4.27
10—15年（含）	4.70	4.00	3.60	4.10
15—20年（含）	4.50	3.33	4.00	3.94
20年及以上	4.56	4.00	4.25	4.27
年龄段				
29岁及以下	4.48	4.22	4.28	4.33
30—35岁	4.62	3.79	4.29	4.24
36—40岁	4.50	3.00	3.13	3.54
41—45岁	4.60	3.80	4.20	4.20
46岁及以上	4.43	3.86	4.14	4.14

续表

	愿意冒险相信	可靠	信任	教师对学生和家长的信任
最高学历				
本科	4.71	4.31	4.43	4.48
硕士	4.45	3.91	4.16	4.17
博士	4.50	2.00	3.50	3.33
担任的职务				
班主任	4.61	4.15	4.34	4.37
年级组长	4.69	4.25	4.13	4.35
骨干教师或学科带头人（教研组长等）	4.61	3.44	4.06	4.04
中层干部（教学主任、德育主任、总务主任等）	4.80	4.00	4.20	4.33
普通教师	4.39	3.83	4.14	4.12
其他	4.71	4.29	4.50	4.50
年级				
一年级	4.57	4.22	4.43	4.41
二年级	4.67	4.21	4.40	4.42
三年级	4.59	4.35	4.46	4.46
四年级	4.61	4.14	4.43	4.39
五年级	4.72	4.11	4.64	4.49
六年级	4.38	3.23	3.77	3.79
七年级	4.42	3.85	3.92	4.06
八年级	4.08	3.46	3.69	3.74
九年级	4.40	3.70	3.85	3.98
学科				
语文	4.40	3.86	4.05	4.10
数学	4.65	4.07	4.28	4.33
英语	4.56	4.12	4.18	4.28
物理	3.50	3.00	4.00	3.50
化学	4.50	4.00	4.50	4.33

续表

	愿意冒险相信	可靠	信任	教师对学生和家长的信任
历史	4.75	3.50	4.00	4.08
音乐	4.67	4.56	4.44	4.56
美术	4.93	3.57	4.50	4.33
体育	4.30	4.20	4.40	4.30
道德与法治	4.69	4.13	4.25	4.35
信息技术	4.00	4.00	5.00	4.33
书法	4.00	4.00	5.00	4.33
科学	4.60	3.40	4.20	4.07
其他	4.10	4.20	4.00	4.10
总计	4.52	4.01	4.24	4.26

从各单项指标中选取均值得分较低的b18（我学生的家长做出的承诺是可靠的）和b19（我认为大多数家长在养育孩子方面都做得很好）做进一步的分析可以发现，教龄在15—20年及36—40岁年龄段教师b18的感知水平相对较低一些；教龄在10—15年及36—40岁年龄段教师b19相对更低一些；六年级的教师在b18和b19的感知水平要低一些。物理学科教师在b18和b19的感知水平相对要低一些。建议给予这些偏低的教龄、年龄段、年级、学科教师做一些特别的关注，找到他们对家长和学生缺乏信任的原因，有针对性地解决家校共育的问题。

信任与合作相辅相成、互为因果，信任是合作的前提条件，合作又反过来促进信任。家校合作和家校信任之间有着必然的联系，家校信任不但是家校交往的聚合剂，更是组织运作的润滑剂，它既是家校合作的基础和手段，也是家校合作的结果和目的。可以说，家校合作的推进和发展在很大程度上取决于家校双方能否在相互信任的基础上展开良性的沟通和互动。

提高家校合作中的信任水平，需要从树立家校平等观念，奠定家校信任基础开始，这样才能畅通家校交流渠道，保持家校信任效能，最终提升家校合作能力，加深家校信任程度。从学校的数据分析中，希望学校能够精准地找到问题所在，查漏补缺，让出现相对偏低感知程度的教师能够从建立家校信任关系的崭新角度重新审视家校之间的有效合作，从而推动家校合作和家校信任的进一步发展，为学生的健康成长创建良好的发展空间。

（二）班级视角

教师对班级学生的学习基础、学习能力、学习态度及学生家长配合的认知影响教师的工作生活状态。对班级学生及家长品质的测量主要从以下 6 个指标进行考察，表 12 显示了班级学生及家长品质 6 个指标所得到的教师感知均值为 3.81 分。在 3.75 分以上，处于感知品质较高程度水平，这种测量结果也与上节教师对学生和家长的信任水平呼应。

表 12 班级学生及家长品质水平均值

测量指标	测量题项	单项编码	均值	指标均值
学生品质	我班的学生学习基础差（反向题）	b52	3.70	3.78
	我班的学生缺乏学习能力（反向题）	b53	3.83	
	我班的学生勤奋好学、积极要求上进	b55	3.80	
家长品质	我班学生的家长对子女缺乏关心（反向题）	b54	3.81	3.84
	我班学生的家长能配合教师的工作	b56	3.90	
	学生家长对孩子缺乏信心（反向题）	b57	3.80	
班级学生及家长品质				3.81

　　从表13可以看出不同性别教师对家长品质的感知程度是不同的，女性教师相较于男性教师对学生和家长品质的感知程度水平高一些。3年（含）及以下和5—10年（含）教龄的教师对学生和家长品质的感知相较于其他教龄的教师为高，10—15年（含）教龄的教师对学生和家长品质的感知相较于其他教龄的教师要更低一些。30—35岁（含）教师对学生和家长品质感知程度水平较高，36—40岁年龄段的则相对较低。本科学历的教师对学生和家长品质感知程度水平相对较高。相对来说，班主任对学生和家长品质感知程度水平较高，中层干部（教学主任、德育主任、总务主任等）相对较低。一年级教师对学生和家长品质感知程度水平较高，九年级的相对较低。美术学科教师对学生和家长品质感知程度水平最高，化学学科教师的相对较低，处于比较低的水平。

表13　多指标下班级学生及家长品质各维度的差异

	学生品质	家长品质	班级学生及家长品质
性别			
男	3.76	3.76	3.76
女	3.78	3.85	3.81
教龄			
3年（含）及以下	3.91	3.88	3.89
3—5年（含）	3.78	3.83	3.80
5—10年（含）	3.88	3.90	3.89
10—15年（含）	2.93	3.40	3.17
15—20年（含）	3.56	3.56	3.56
20年及以上	3.25	3.83	3.54
年龄段			
29岁及以下	3.84	3.85	3.84

续表

	学生品质	家长品质	班级学生及家长品质
30—35 岁	3.94	3.93	3.94
36—40 岁	2.67	3.33	3.00
41—45 岁	3.47	3.73	3.60
46 岁及以上	3.14	3.62	3.38
最高学历			
本科	3.78	3.90	3.84
硕士	3.79	3.82	3.80
博士	3.00	3.33	3.17
担任的职务			
班主任	3.96	4.00	3.98
年级组长	3.88	3.63	3.75
骨干教师或学科带头人（教研组长等）	3.59	3.96	3.78
中层干部（教学主任、德育主任、总务主任等）	3.13	3.47	3.30
普通教师	3.75	3.83	3.79
其他	3.67	3.71	3.69
年级			
一年级	4.25	4.25	4.25
二年级	4.04	4.10	4.07
三年级	3.83	3.80	3.81
四年级	4.10	3.88	3.99
五年级	4.22	4.22	4.22
六年级	3.79	3.87	3.83
七年级	3.62	3.69	3.65
八年级	2.79	2.97	2.88
九年级	2.57	3.03	2.80
学科			
语文	3.40	3.66	3.53
数学	3.81	3.84	3.83

	学生品质	家长品质	班级学生及家长品质
英语	3.55	3.71	3.63
物理	3.00	3.33	3.17
化学	2.33	3.33	2.83
历史	3.83	3.67	3.75
音乐	4.15	3.70	3.93
美术	4.71	4.76	4.74
体育	4.00	4.07	4.03
道德与法治	4.04	4.00	4.02
信息技术	4.00	4.00	4.00
书法	4.00	4.33	4.17
科学	4.27	4.13	4.20
其他	3.53	3.47	3.50
总计	3.78	3.84	3.81

四、教师有效教学能力素质

教学是一个纵向不断发展变化的过程，在过程的每一个阶段，教师与学生的互动均需要行为作为中介。教学行为即教师在其教育教学理念的指导下，在具体的教学情境中为达成教学目标、完成教学任务，而采取的外显的可以观察的教学活动方式。由于任何教学行为都不是凭空出现的，而是植根于一定的教学理念、知识素养、专业情意、实践智慧等教师内在素质的基础之上，是属于观念形态的内在素质的凝聚与外显化。因此，不同教师的教学成效差异巨大，教师的能力素质是造成差异的重要原因。教师的教学工作面对的是鲜活的学生，充满了复杂性与情境性，教学能力素质高的教师，其采取的教学行为往往更受学生欢迎，也更能达到预期的教学效果；反之教学能力素质较差的教师，采取的教学行为往往不受学生欢迎，难以达到预期的教学效果。教师的教学能力素质对教师的教学行为产生着影响。

在文献分析的基础上，结合我国本土的教育与文化特征，基于对各国教师专业标准、教师能力、教师素质、教学能力、教师知识以及高效能教师个人特征的文献整理与理论分析发现，教师的教学由准备、实施、评价等一系列活动组成。教学能力素质，即教师所具有的富有成效地完成教学任务所需求的特质群，包括知识素养、教学能力、职业品格与自我特征等内容。从表 14 可以看出学校教师的有效教学能力素质为 4.42 分，处于很高程度水平，其中职业品格维度得分最高达到 4.59 分。学校教师在各能力素质上的发展大多数呈现为很高的程度水平，但也存在一定的差异，可根据这种差异有所侧重地做有针对性的培训。

表 14 教师有效教学能力素质

一级指标	二级指标	三级指标	测量题项	编码	单项均值
知识素养	学科知识	本学科的内容知识	我能轻松回忆出所教学科的各个知识点	b100	4.42
		本学科的教学知识	我非常清楚采用什么方法将自己所教学科的知识教给学生	b101	4.46
	教育知识	学生心理特征的知识	我清楚知道所教年龄阶段学生的心理与行为特点	b102	4.46
		一般教学法知识	参加培训时，如果培训教师问我有关教学法的知识，我能随口说出	b103	4.10
	实践性知识	学生个体情况知识	我对学生的需要敏感，能很快察觉学生的需要	b28	4.31
	一般文化知识	人文社科常识	平时我会学习教育学、心理学和教育心理学等知识，看和学生、家长有效沟通的有关书籍	b107	4.25

续表

一级指标	二级指标	三级指标	测量题项	编码	单项均值
教学能力	教学设计能力	合理的目标设定	我知道什么样的课堂流程能让课堂活动高效进行	b2	4.41
		学生情况的分析	我能站在学生的角度思考问题	b32	4.54
		教学内容安排	在教学过程中我注重拓宽学生的想法	b22	4.59
			我会明确告知学生需要达到的学习目标	b21	4.60
	教学实施能力	营造学习环境	我班的学生勤奋好学、积极要求上进	b55	3.80
			当我的观点与学生的观点冲突时，我会尊重并鼓励学生的观点	b29	4.50
		课堂组织	我常常根据学生的兴趣、需要来安排授课内容与方式	b25	4.31
		言语表达	我能向学生清楚地传达我的期望，这对我很容易	b3	4.48
		具有课堂领导力	我具备非常有效的课堂管理技能	b8	4.24
			如果有学生在课堂上发出噪声和制造混乱，我确信自己有办法快速让他/她重新集中注意力	b1	4.30
		使用信息技术手段的能力	我会借助网络、书籍获取学习资源以丰富课本知识	b108	4.54
	教学实施能力	引导和启发学生	我能为学生提供一些好的、激发他们思考与解答的问题	b11	4.43
			我知道用什么样的奖励调动学生的积极性	b5	4.46
		与学生有效互动	我愿意去倾听学生、观察学生、感受学生，愿意接受他们传递的一切信息	b30	4.59
	教学评价能力	评价学生	我可以准确全面地评价学生的学业表现	b104	4.39
		引导学生自我评价	我能引导学生对自己的学习情况进行自我评价	b105	4.46
		自我评价	不需要别人说，我自己很清楚自己教学的实际效果与不足之处	b81	4.16
	教学研究与创新能力	反思	听评课或教研活动后，我经常会总结反思同事的评价	b80	4.69
		对教学进行探究	我能独立申请教学课题并开展研究	b82	3.21
			即使是上过的课我也会积极主动根据时代特点重新备课	b106	4.59

续表

一级指标	二级指标	三级指标	测量题项	编码	单项均值
职业品格	职业态度	进取心	平时我会学习教育学、心理学和教育心理学等知识,看和学生、家长有效沟通有关的书籍	b107	4.25
		有使命感	我必须不断提高自己的教学水平,因为学生的学习关乎国家未来	b83	4.66
		有信念	我深信教师对学生的成长至关重要	b84	4.70
	职业情意	热爱教学	从事教师职业能够实现我的人生价值	b33	4.51
			我为自己是一名教师而自豪	b40	4.63
		喜欢学生	我喜欢与学生相处	b85	4.64
	职业追求	高的成就动机	我希望能教出更多优秀的学生	b86	4.76
自我特征	个人特征	热情	待人接物,我一直都是主动热情的	b87	4.67
		积极乐观	我相信困难总会解决,一切都会越来越好	b88	4.67
		自信	只要努力,我可以与最难应对的学生沟通	b6	4.13
		和蔼	学生觉得我是一个有亲和力的老师	b89	4.51
		幽默感	面对学生我并非一直刻板严肃,而是可以幽默风趣	b90	4.53
自我特征	智力特征	知识渊博	周围的同事觉得我是一个知识渊博的人	b91	3.86
		知类通达	理解了一个事物,我可以迁移理解类似的事物	b92	4.46
		充满好奇心	我喜欢不断学习探索新事物	b93	4.55
	教学特征	耐心	为了让学生学会,我愿意反复讲解同一知识点	b94	4.44
		细心	教学中,我连学生一些细小的错误也能发现	b95	4.4
	人际特征	与家长良好沟通	学生家长对我有着较为正面的评价	b96	4.53
			我可以指望家长提供一些支持	b18	4.01
			我愿意信赖学生家长	b16	4.44
		与学生良好沟通	学生经常会主动找我寻求帮助,例如倾诉学业烦恼、情绪烦恼等	b98	4.28
教师有效教学能力素质					4.42

　　从各单项指标中可以看出绝大多数指标的均值得分都在 4.25 以

上，处于很高程度水平，部分处于 3.75—4.25 分之间，处于较高程度
水平，对这些均值得分偏低的指标做进一步分析可以发现，大多数指
标聚焦在对学生学习上。选取教师自我特征中的自信维度中的 b6（只
要努力，我可以与最难应对的学生沟通）做进一步分析，可以发现，
除了教龄 3 年以下的教师在自信处理 b6 上有较低程度的自信外，学
校其他教龄段的教师都有很高程度的自信。20 年以上教龄教师认为自
己在 b6 上自信程度水平最高，为 4.75，处于很高程度水平。

不同年龄段教师对于 b6（只要努力，我可以与最难应对的学生沟
通）的表现也有所不同，学校 36—40 岁的教师相对不自信的占比最
高，自信程度较高的群体是 46 岁及以上年龄段的教师。

不同年级教师对于 b6（只要努力，我可以与最难应对的学生沟
通）的表现也有一定的差异，六年级、七年级、八年级、九年级教师
中不自信教师的比例相对较高，最有自信的是五年级教师，其次是四
年级教师。

不同学科教师对于 b6（只要努力，我可以与最难应对的学生沟
通）也有不同的表现，化学、历史、信息技术与科学学科教师中有一
定比例的不自信群体，音乐、科学教师相对所占比例最高，自信程度
最高的是音乐学科的教师，达到 4.89。

女性教师对其有效教学能力素质的自我评价上要比男性教师高，
不同教龄的教师，存在一定的差异，15—20 年（含）教龄的教师自
我评价得分最低，3 年以下教龄的次之，5—10 年（含）教龄的教师
则相对最高，其次是 3—5 年（含）教龄以下的教师。46 岁及以上年
龄段教师的有效教学能力素质相比较而言较高，41—45 岁的教师相

对较低，36—40岁教师在知识素养这个维度上偏低。八年级教师对自身有效教学能力素质评价得分最低，为4.15分。处在较高程度水平，自我感知最高的教师群体集中在五年级。从学科视角来看，化学教师的相对较低，最高的是音乐教师。

表15　多指标下教师有效教学素质各维度的差异

	知识素养	教学能力	职业品格	自我特征	有效教学能力素质
性别					
男	4.02	4.10	4.36	4.14	4.15
女	4.36	4.39	4.62	4.42	4.45
教龄					
3年（含）及以下	4.18	4.23	4.57	4.30	4.32
3—5年（含）	4.51	4.49	4.61	4.50	4.53
5—10年（含）	4.52	4.51	4.68	4.51	4.56
10—15年（含）	4.43	4.36	4.69	4.51	4.50
15—20年（含）	4.11	4.37	4.57	4.07	4.28
20年及以上	4.50	4.60	4.46	4.44	4.50
年龄段					
29岁及以下	4.24	4.28	4.55	4.35	4.36
30—35岁	4.50	4.48	4.73	4.51	4.56
36—40岁	4.13	4.20	4.46	4.16	4.24
41—45岁	4.20	4.39	4.37	4.16	4.28
46岁及以上	4.48	4.56	4.51	4.42	4.49
最高学历					
本科	4.56	4.59	4.71	4.56	4.60
硕士	4.24	4.27	4.55	4.33	4.35
博士	4.17	4.45	4.43	3.86	4.23
担任的职务					
班主任	4.41	4.44	4.69	4.51	4.51

续表

	知识素养	教学能力	职业品格	自我特征	有效教学能力素质
年级组长	4.42	4.52	4.50	4.46	4.47
骨干教师或学科带头人（教研组长等）	4.54	4.63	4.63	4.50	4.57
中层干部（教学主任、德育主任、总务主任等）	4.70	4.70	4.69	4.50	4.65
普通教师	4.21	4.22	4.50	4.27	4.30
其他	4.24	4.38	4.65	4.35	4.40
年级					
一年级	4.38	4.40	4.60	4.45	4.46
二年级	4.24	4.35	4.61	4.39	4.40
三年级	4.34	4.40	4.64	4.49	4.47
四年级	4.55	4.55	4.80	4.48	4.60
五年级	4.59	4.54	4.87	4.65	4.66
六年级	4.36	4.37	4.66	4.30	4.42
七年级	4.38	4.30	4.46	4.23	4.34
八年级	4.01	4.08	4.36	4.14	4.15
九年级	4.25	4.28	4.44	4.26	4.31
学科					
语文	4.22	4.24	4.45	4.29	4.30
数学	4.26	4.34	4.56	4.39	4.39
英语	4.27	4.30	4.62	4.34	4.38
物理	4.17	4.30	4.29	4.50	4.31
化学	4.17	4.15	4.00	3.93	4.06
历史	4.25	4.23	4.57	4.25	4.32
音乐	4.74	4.81	4.89	4.69	4.78
美术	4.52	4.59	4.94	4.56	4.65
体育	4.27	4.29	4.43	4.31	4.32
道德与法治	4.50	4.43	4.71	4.44	4.52

续表

	知识素养	教学能力	职业品格	自我特征	有效教学能力素质
信息技术	3.83	3.75	4.71	4.21	4.13
书法	4.67	4.50	4.86	4.21	4.56
科学	4.40	4.46	4.86	4.57	4.57
其他	4.53	4.42	4.49	4.47	4.48
总计	4.33	4.36	4.59	4.39	4.42

五、学校组织文化氛围

每所学校在发展过程中都会形成自己独特的组织文化氛围，不同的组织文化对教师激励会有不同的影响。根据相关研究资料分析，学校组织文化氛围是最主要的影响教师工作积极乐观度的学校组织因素。不同的学校带给人的感觉不同，这种不同的感觉就是各个学校的组织氛围，学校的组织氛围相当于个人的人格。良好的学校组织校风严谨、管理务实高效，在这种管理氛围中教师关系融洽、精神饱满、工作效率高；反之，不良的组织管理氛围不仅会影响教师的工作积极性，还会影响学校的发展。

学校组织文化氛围可以影响学校成员的行为并且可以通过学校成员的知觉加以描述。学校组织文化氛围可分成以下层面：组织支持行为、教师参与行为、教师合作行为、教师亲密行为、师生关系、家校合作。组织支持行为代表学校对教师表达真正关怀与支持的程度，如能够认真倾听并接纳教师提出的好的看法或建议，关心每一位教师的生活与工作。教师参与行为是指教师在学校组织文化氛围的熏陶下主动参与到学校运作的各个环节，这种渐增的参与意识是推动学校文化乃至整个学校发展的重要力量。教师合作行为指教师与教师之间互相支持和专业互动行为，表现为教师以学校为荣，喜欢与同事一起工作，并且尊重、接纳同事的专业能力。教师亲密行为指教师不论在校内或校外都能建立起密切的情谊，彼此了解及信任、相互融洽，并能互相给予支持和协助。师生关系是学校教育中最基本、最重要的人际关系，师生互动的状态直接影响着师生身心发展状况及学校教育教学质量。家校合作是指学校与家庭形成合力对儿童进行教育。

　　从对学校组织文化氛围调研的结果来看，得分为 4.38 分，大于 4.25 分，处于很高程度水平。不同的维度之间有一定的差异，组织支持行为和家校合作维度上得分偏低，分别是 4.24 分和 4.14 分，均处于较高程度水平。

表 16　学校组织文化氛围各维度均值

测量指标	测量题项	编码	单项均值	指标均值
组织支持行为	学校重视教师专业发展	b58	4.61	4.24
	学校支持我的各种外出学习活动	b59	4.47	
	学校有完善的教科研管理制度	b60	4.45	
	我在教科研工作中，有老教师等人员对我进行指导	b61	4.25	
	教研工作计划与您的实际所需很相关	b66	4.40	
	学校会设法帮助教师解决问题	b63	4.52	
	教研活动时间会经常用来做管理事务（如安排组内事务、工作总结）（反向题）	b68	2.50	
	学校会从书面上征求教师关于课程/考评方面的意见	b62	4.50	
	学校会给教师充分表达意见的机会	b64	4.48	
教师参与行为	学校教师乐于承担各种工作	b72	4.53	4.53

续表

测量指标	测量题项	编码	单项均值	指标均值
教师合作行为	我经常和同事一起探讨教学中出现的各种困境	b78	4.62	4.63
	我和同事经常一起探讨班级学生问题	b79	4.64	
	听评课或教研活动后，我经常会总结反思同事的评价	b80	4.69	
	教师间彼此分享各种教研材料	b65	4.61	
	当我遇到教学上的难题时，教研大组研讨能帮助我精准解决问题	b67	4.48	
	学校教师尊重彼此的专业能力	b76	4.68	
	学校教师在工作时表现出高度的合作精神	b69	4.55	
	学校教师普遍积极进取	b74	4.69	
	学校教师以学校为荣	b75	4.68	
教师亲密行为	学校教师最信赖的朋友是本校的同事	b70	4.2	4.47
	遇到高兴或悲伤的事，我经常和同事分享	b77	4.18	
	教师在校时间相处愉快	b73	4.55	
	学校教师能很快接纳新进教师	b71	4.66	
	我积极主动地创造和谐的同事关系	b38	4.76	
师生关系	我喜欢邀请学生共同拟定班会或其他班级活动主题	b27	4.28	4.25
	我对学生的需要敏感，能很快察觉学生的需要	b28	4.31	
	当我的观点与学生的观点冲突时，我会尊重并鼓励学生的观点	b29	4.5	
	我愿意去倾听学生、观察学生、感受学生，愿意接受他传递的一切信息	b30	4.59	
	学生觉得我是一个有亲和力的老师	b89	4.51	
	面对学生我并非一直刻板严肃，也可以幽默风趣	b90	4.53	
	我能站在学生的角度思考问题	b32	4.54	
	我会与学生保持一定的距离，树立教师的威严，不然没办法管住学生（反向题）	b99	2.76	

续表

测量指标	测量题项	编码	单项均值	指标均值
家校合作	我班学生的家长对子女缺乏关心（反向题）	b54	3.813	4.14
	我班学生的家长能配合教师的工作	b56	3.9	
	学生家长对我有着较为正面的评价	b96	4.53	
	我愿意信赖学生家长	b16	4.44	
	我学生的家长做出的承诺是可靠的	b18	4.01	
学校组织文化氛围				4.38

　　女性教师对学校组织文化氛围感知程度上要比男性教师高，女教师在学校组织支持行为上评价程度相对较高。不同教龄的教师，存在一定的差异，5—10年（含）教龄的教师评分相对较高，15—20年（含）、10—15年（含）教龄的教师对学校组织文化氛围的评分相对较低，其中教龄在10—15年（含）的教师对组织支持行为的感知程度较低，对这两个教龄段的教师在组织支持上建议适当多一些关注。5—10年（含）教龄教师在教师参与行为上分值最高，10—15年（含）教龄的得分相对较低。36—40岁（含）教师在学校组织文化氛围上评价较低，在组织支持行为上感知是最低的，处于较高程度水平。本科学历教师对学校组织文化氛围评分最高，博士学历的教师最低，其中博士学历的教师对学校组织支持行为、参与行为的感知相对偏低。中层干部（教学主任、德育主任、总务主任等）、普通教师对学校组织文化氛围感知的程度相对较低，中层干部（教学主任、德育主任、总务主任等）在组织支持行为上感知偏低。从各年级来看，八年级略微偏低一点，其中八年级在教师参与行为上的感知相对较低，六年级和七年级在组织支持行为上感知水平偏低。美术、音乐教师感

知程度较高，化学、物理教师对学校组织氛围感知程度水平较低。建议根据表中的各个指标，对偏离平均值的维度，给予更多的关注。

表 17 多指标下学校组织文化氛围各维度的差异

	组织支持行为	教师参与行为	教师合作行为	组织氛围
性别				
男	4.12	4.45	4.39	4.23
女	4.26	4.54	4.65	4.39
教龄				
3 年（含）及以下	4.24	4.47	4.59	4.34
3—5 年（含）	4.22	4.55	4.66	4.41
5—10 年（含）	4.27	4.71	4.73	4.47
10—15 年（含）	4.16	4.40	4.62	4.32
15—20 年（含）	4.48	4.67	4.67	4.32
20 年及以上	4.31	4.63	4.57	4.41
年龄段				
29 岁及以下	4.21	4.49	4.57	4.34
30—35 岁	4.31	4.62	4.76	4.47
36—40 岁	3.92	4.25	4.50	4.13
41—45 岁	4.09	4.40	4.36	4.16
46 岁及以上	4.46	4.71	4.68	4.48
最高学历				
本科	4.35	4.61	4.74	4.50
硕士	4.20	4.50	4.58	4.33
博士	4.00	4.00	4.89	4.25
担任的职务				
班主任	4.31	4.58	4.70	4.47
年级组长	4.15	4.38	4.61	4.34
骨干教师或学科带头人（教研组长等）	4.21	4.67	4.69	4.44

	组织支持行为	教师参与行为	教师合作行为	组织氛围
中层干部（教学主任、德育主任、总务主任等）	4.13	4.20	4.60	4.29
普通教师	4.19	4.50	4.53	4.29
其他	4.29	4.43	4.65	4.38
年级				
一年级	4.42	4.61	4.66	4.46
二年级	4.33	4.58	4.61	4.42
三年级	4.30	4.57	4.68	4.42
四年级	4.36	4.57	4.78	4.49
五年级	4.50	4.83	4.85	4.62
六年级	4.03	4.38	4.56	4.27
七年级	4.03	4.54	4.51	4.27
八年级	4.05	4.23	4.56	4.11
九年级	4.10	4.30	4.52	4.20
学科				
语文	4.18	4.45	4.49	4.29
数学	4.19	4.56	4.62	4.37
英语	4.27	4.59	4.61	4.37
物理	4.22	4.00	4.67	4.12
化学	3.56	3.00	3.89	3.74
历史	4.67	5.00	5.00	4.54
音乐	4.36	4.56	4.95	4.56
美术	4.51	4.71	4.92	4.64
体育	3.94	4.60	4.37	4.25
道德与法治	4.39	4.50	4.69	4.47
信息技术	4.56	5.00	4.56	4.42
书法	4.89	4.00	5.00	4.34

续表

	组织支持行为	教师参与行为	教师合作行为	组织氛围
科学	4.42	4.60	4.82	4.48
其他	4.18	4.40	4.71	4.37
总计	4.24	4.53	4.63	4.38

从涉及学校组织文化氛围的各维度来看，家校合作维度得分是最低的，与整体的均值也有较显著的差异。从表18可以看出，不同性别的教师在家校合作维度上有一定的差异，女性教师要高于男性教师。教龄不同的教师也存在一定的差异，尤其是15—20年（含）教龄的教师感知程度最低，为3.73分，低于3.75分，处于一般程度水平，其次是教龄10—15年（含）的。从年龄段上来看，36—40岁（含）教师对此的评价得分最低，为3.70分，其次是41—45岁（含）。对于家校合作工作的推动，建议对36—45岁（含）教师群体做更精准的需求调研，从这个年龄段教师群体的实际情况，来给予相应的支持和管理。本科学历的教师在家校合作上感知程度上最高，博士最低。中层干部（教学主任、德育主任、总务主任等）在家校合作维度上相对感知程度最低，其次是普通教师。各年级对于家校合作的评价得分有些差异，其中八年级、九年级和六年级相对较低。物理、化学和历史学科对家校合作的评价得分较低，尤其是物理和化学，只有3.60分。建议根据表中的各个指标，对偏离平均值的维度，给予更多的关注。

表 18　多指标下学校组织文化氛围各维度的差异

	教师亲密行为	师生关系	家校合作	组织氛围
性别				
男	4.33	4.06	4.00	4.23
女	4.48	4.27	4.15	4.39
教龄				
3 年（含）及以下	4.42	4.17	4.13	4.34
3—5 年（含）	4.53	4.32	4.19	4.41
5—10 年（含）	4.61	4.36	4.16	4.47
10—15 年（含）	4.40	4.35	4.00	4.32
15—20 年（含）	4.33	4.04	3.73	4.32
20 年及以上	4.40	4.41	4.18	4.41
年龄段				
29 岁及以下	4.44	4.18	4.16	4.34
30—35 岁	4.59	4.36	4.17	4.47
36—40 岁	4.15	4.28	3.70	4.13
41—45 岁	4.00	4.15	3.96	4.16
46 岁及以上	4.60	4.34	4.06	4.48
最高学历				
本科	4.57	4.47	4.26	4.50
硕士	4.43	4.15	4.10	4.33
博士	4.60	4.63	3.40	4.25
担任的职务				
班主任	4.57	4.35	4.30	4.47
年级组长	4.40	4.34	4.18	4.34
骨干教师或学科带头人（教研组长等）	4.49	4.50	4.09	4.44
中层干部（教学主任、德育主任、总务主任等）	4.32	4.53	3.96	4.29
普通教师	4.38	4.11	4.03	4.29

续表

	教师亲密行为	师生关系	家校合作	组织氛围
其他	4.46	4.23	4.20	4.38
年级				
一年级	4.43	4.27	4.36	4.46
二年级	4.50	4.22	4.30	4.42
三年级	4.51	4.22	4.24	4.42
四年级	4.60	4.49	4.17	4.49
五年级	4.76	4.38	4.41	4.62
六年级	4.32	4.41	3.89	4.27
七年级	4.43	4.13	4.00	4.27
八年级	4.23	4.02	3.55	4.11
九年级	4.32	4.25	3.68	4.20
学科				
语文	4.41	4.18	4.01	4.29
数学	4.44	4.22	4.18	4.37
英语	4.46	4.17	4.11	4.37
物理	4.00	4.25	3.60	4.12
化学	4.00	4.38	3.60	3.74
历史	4.70	4.06	3.80	4.54
音乐	4.71	4.57	4.20	4.56
美术	4.71	4.46	4.54	4.64
体育	4.22	4.14	4.22	4.25
道德与法治	4.53	4.39	4.33	4.47
信息技术	4.60	3.63	4.20	4.42
书法	4.00	4.13	4.00	4.34
科学	4.48	4.45	4.12	4.48
其他	4.72	4.23	4.00	4.37
总计	4.47	4.25	4.14	4.38

学校的组织是一个由多部门和个体构成的，保持多种组成部分之间的相互联系，保证多个群体之间的协同性，我们对组织文化氛围做这样多维度的比较分析，就是希望能够让学校看到，尽管整体上看教师对于学校组织文化氛围有一定的共识，但是在这些共识之下，仍然在一定的群体中存在着较大的认知分歧。在工作实践中可以尝试从组织层次、部门层次与个人层次来找到一条符合学校实际的组织创新管理实践之路。

六、学校效能评价

学校效能关系学校整体的教育品质、教育质量。学校效能是学校主体通过合理利用教育资源，提升教育质量、实现学校整体绩效与目标的程度。提高学校效能必须实现校长、教师、家长、环境等的融合互动，校长要塑造学校发展愿景、行政互通、协调运作；教师要提升专业素质，维持优良的师生关系；家长要积极参与协助教师教学任务。

对学校系统效能的评价主要涵盖学校行政管理、教师教学、学生学习、环境关系（教师关系、家校合作）等各个方面，因调研的题量限制，选取了针对学校行政管理、教师教学、学生学习、环境关系通用量表中部分指标做测量，会对量表的效度和信度产生影响，此部分的分析结果仅供参考。从表19可以看出，学校效能得分为4.20，从一定程度上可以说明学校在提升教育质量、实现学校整体绩效与目标的程度上处于较高程度水平。

表 19　学校效能各维度差异

测量指标	测量题项	单项均值	指标均值
学校行政管理	组织支持行为	4.24	4.24
教师教学	知识素养	4.33	4.42
	教学能力	4.36	
	职业品格	4.59	
	自我特征	4.39	
学生学习	学生品质	3.78	3.78
环境关系	教师合作关系	4.63	4.37
	教师亲密关系	4.47	
	师生关系	4.25	
	家校合作	4.14	
学校效能水平			4.20

　　提升学校效能要增强教师对学校办学理念、学校领导价值观、学校发展愿景的认同感，增强教师的主人翁责任感；重视教师个人利益，提高教师的专业化水平；实行人本化的学校管理，提高参与度；提高学校对外部社会环境的适应能力。提高学校效能必须具备积极的学校文化、优良的校长领导和积极的团队精神。必须实现校长、教师、家长、环境等的融合互动，校长要塑造学校发展愿景、行政互通、协调运作；教师要提升专业素质，维持优良的师生关系；家长要积极参与协助教师教学任务。从表 19 可以发现，在学生学习、家校合作、学校行政管理上还有进一步需要提升的空间。

　　近年来，增值评价在我国教育评价理论研究与实践探索方面都已经受到关注，成为我国创新教育评价体系的一个重要方面。增值评价兼顾质量与公平，注重提升学校效能的内部因素，对于挖掘学校和教师的工作潜能具有积极的导向作用。学校增值评价引导学校精心设计与合理安排教育过程，重视发展性评价，从重结果转向重过程，从重生源转向重培养，从重应试转向重素质，这样才能公平、合理、全面地评价学校，激发学校组织的内在动力，促进学校之间的均衡发展。学校增值评价旨在引导学校组织把直接影响学生发展的可控因素与不可控因素区分开来，使组织在可控范围内有所作为，强调学校内部因素的挖掘与自身潜能的激发。因此，学校增值评价把办学条件、教育经费、所处社区、生源等学校和教师无法改变的先天差距排除在外，致力于学校管理、文化塑造、校风建设、变革教育、改进教学、个别指导、家校合作等学校和教师通过自身努力可以改变的影响因素。其中，家校合作是一个非常重要、具有可控性，却在认识上不够重视、实践上失控的学校内部因素。

家校合作对学校的增值作用已经获得丰富的实证研究支持。学校只有为儿童创建学校教育与家庭教育相互合作的教育环境，才能减少家庭教育差距所带来的儿童学习与发展的差异。可见，学校指导家庭教育，提高家长的家庭教育能力是学校教育工作的一个重要组成部分，是使学校效能增值的自变量之一。儿童的家庭出身、父母学历、经济状况、所处阶层等因素是儿童入学之前就已经存在的既成事实，是学校和教师无法控制的外部因素。但是儿童入学之后，学校和教师可以通过各种专业性的家庭教育指导活动帮助家长学会观察儿童、改进教育观念、改善教育方法、提高教育能力，与学校共同承担起教育儿童的责任，进而帮助儿童提高学业成就、获得全面发展。这也说明，家校合作的增值作用是学校和教师通过主动工作产生的。从学校效能程度上来看，整体处于较高程度水平，如果能够从学校内部加强家校合作，应能对目前相对较低的学生学习、家校合作两个维度提升产生很显著的作用，这些也是提高学校效能的有效途径。

七、从业心情、压力及对学校发展的期望

（一）从业心情

我们在调研中对学校教师的教育初心与现在的从业心情做了调研，可以看出，初入教师行业的时候，"开心""激动""热爱""期待""自豪"，直到变成现在的"冷静""淡然""更喜欢"，同时也有一些"心累"和"不易"，但依然保持着"不忘初心"。对此主题的调研，主要希望能够从一定程度反映教师在工作中所获得的满足感和成就感，即职业幸福感。

教师的幸福不仅是个人的进步带来的，也与社会的作用离不开。社会给教师提供了一个良好的教书育人环境，积极给教师开发更多适合其教学的契机与条件。而对于教师来说，首先必须要有乐观向上的良好心态，必须热爱自己的工作以及学生，提升自己的道德素质，然后培养拥有健康心态的学生，深深地植根在自己的工作岗位，将其当作自己的毕生事业来看待。在整个教学生涯中，追求更大的幸福感与满足感是衡量教师幸福感的重要指标。

有关研究表明，教师职业自我效能感各维度与职业幸福感各维度呈现出正相比关系，这意味着较高程度的职业自我效能感可以提升教师的职业幸福感。学校教师的自我效能感知程度处于较高程度水平，大多数教师依然保持教育初心，保持积极的心态。但也能看到有一部分教师出现了职业倦怠、自我效能感降低的症状，对此应做一些特别关注。

（二）教师压力来源

本次调研还对"您目前遇到的压力或难事主要来自于？"做了调研，可以发现学校排第一位的是"特殊学生"占到 51.22%，第二位的是班级管理（42.28%），第三位的是学科教学（26.83%）。

对教师压力来源进一步分析可以发现不同教龄、年龄段、职务、年级及学科的教师是有所不同的，对于教师不同的压力源，可有针对性地分对象进行引导。学校教师主要以 35 岁以下、教龄在 5 年以下的教师为主。3 年以下教龄教师排在前五位的主要压力或难事来源是班级管理、特殊学生、学科教学、学生学业成绩及教育科研问题。

3—5 年教龄教师排在前五位的主要压力或难事来源是特殊学生、班级管理、学生学业成绩、收入、工作与生活的平衡。

5—10 年教龄教师排在前五位的主要压力或难事来源是特殊学生、学生学业成绩、工作与生活的平衡、班级管理与学科教学。10—15 年教龄教师则是工作与生活的平衡、自我时间管理、学科教学与特殊学生，其中有 40% 的教师没有压力或难事。15—20 年教龄教师主要的压力或难事是特殊学生、学生学业成绩、同事竞争。20 年以上教龄教师主要的压力或难事是特殊学生、学科教学、教育科研、班级管理。

对不同年龄段教师的压力或难事的来源进行分析可以发现，29 岁以下教师主要压力或难事的来源占前五位的是：班级管理、特殊学生、学科教学、学生学业成绩与教育科研。

30—35 岁教师主要压力或难事的来源占前五位的是：特殊学生、班级管理、工作与生活的平衡、学生学业成绩与教育科研。

36—40 岁教师主要压力或难事的来源占前五位的是：工作与生

活的平衡、特殊学生、学科教学、学生学业成绩与危机处理。41—45
岁教师主要压力或难事的来源是特殊学生、班级管理、学生学业成
绩、学科教学与家校沟通。46 岁以上教师主要压力或难事的来源则是
教育科研、学科教学、特殊学生、学生学业成绩与危机处理。

对不同岗位、年级、学科的教师做压力或难事来源分析，排在前
五位的事由可见表 20、表 21、表 22，可根据不同的压力或难事来源
对教师进行相应的培训或者压力疏导。

表 20　不同岗位教师压力或难事来源

岗位	前五位压力或者难事来源
班主任	特殊学生、班级管理、工作与生活的平衡、学科教学与学生学业成绩
年级组长	特殊学生、教育科研、班级管理、学科教学与学生学业成绩
骨干教师或学科带头人（教研组长等）	特殊学生、工作与生活的平衡、教育科研、学生学业成绩、危机管理
中层干部（教学主任、德育主任、总务主任等）	特殊学生、家校合作、教育科研、工作与生活的平衡、自我的时间与管理
普通教师	特殊学生、班级管理、学科教学、学生学业成绩及教育科研

表 21　不同年级教师压力或难事来源

年级	前五位压力或难事来源
一年级	特殊学生、班级管理、学科教学、学生学业成绩及教育科研
二年级	特殊学生、班级管理、学科教学、自我的时间管理与公开课展示
三年级	班级管理、特殊学生、工作与生活的平衡、教育科研与收入
四年级	班级管理、特殊学生、教育科研、学生学业成绩及工作与生活的平衡
五年级	特殊学生、学科教学、班级管理及工作与生活的平衡
六年级	特殊学生、班级管理、工作与生活的平衡、学科教学及学生学业成绩
七年级	班级管理、学科教学、特殊学生、学生学业成绩及家校沟通
八年级	学生学业成绩、特殊学生、班级管理、学科教学及收入
九年级	学科教学、学生学业成绩、特殊学生、教育科研及收入

表 22　不同学科教师压力或难事来源

学科	前五位压力或难事来源
语文	特殊学生、班级管理、学科教学、学生学业成绩、工作与生活的平衡
数学	特殊学生、班级管理、学生学业成绩、学科教学、自我的时间管理
英语	特殊学生、班级管理、学生学业成绩、收入、工作与生活的平衡
物理	危机处理、学生学业成绩、特殊学生
化学	收入、学校规章制度、学生学业成绩、家校沟通、学科教学
历史	学生学业成绩、特殊学生、学科教学、班级管理、公开课展示
音乐	工作与生活的平衡、班级管理、收入、学科教学、生活状态
美术	自我的时间管理、工作与生活的平衡、专业发展路径不清晰、教育科研、特殊学生
体育	班级管理、特殊学生、公开课展示、教育科研、学科教学
道德与法治	学生学业成绩、班级管理、教育科研、特殊学生、学科教学
信息技术	住房、公开课展示、特殊学生
书法	自我的情绪管理、教育科研
科学	特殊学生、班级管理、自我的时间管理、住房、婚恋
其他	收入、学生学业成绩、特殊学生、班级管理、工作与生活的平衡

（三）对学校的期望与建议

本次调研问卷中"您期望将来的学校文化氛围有哪些特质？"从学校教师对学校文化氛围的期待得到的统计分析结果来看，排名前三位的是"相互尊重""以人为本""包容"。

第二节　研训一体，以研促教

科研精神提升新时代教师育人能力，教育情怀推动教育公平均衡发展。习近平总书记在 2018 年 9 月 10 日全国教育大会上的讲话指出：教育是民族振兴、社会进步的重要基石，是功在当代、利在千秋的德政工程，对提高人民综合素质、促进人的全面发展、增强中华民族创新创造活力、实现中华民族伟大复兴具有决定性意义。教育是国之大计、党之大计。中共中央、国务院《关于全面深化新时代教师队伍建设改革的意见》指出，教师承担着传播知识、传播思想、传播真理的历史使命，肩负着塑造灵魂、塑造生命、塑造人的时代重任，是教育发展的第一资源，是国家富强、民族振兴、人民幸福的重要基石。

学校是一所全新的九年一贯制学校，到今年才只是第七个年头，虽然底蕴不够深厚，但是从建校之初就一直奔跑在科研的路上，用科研的思维引领课程建设和课堂教学，不断进行课程研发、课题研究、教学改革，可以说每位老师都是研究者，都是课程的研发者、实施者。

教育科研管理工作的重要任务，是要为教师的专业发展、为优秀教师的"脱颖而出"搭建平台。依据学校实际，学校确立了教育科研以"发展教师、发展学生、发展学校"为工作方向，以教育科研为突破口，以课题研究为载体，促进教师队伍发展，全面提升学校教育教学质量的思路，积极开展校本教科研活动，推进课程建设和教学改革，使教科研工作有新的发展，新的突破，新的高度。

一、强化责任意识，构建高效的管理机制

（一）建立教科研组织管理机构

在学校校长的领导下，教科研负责主任全面负责教科研工作，和课程与教师发展中心投筹推荐教育科研。建立以校为本的教研制度，明确以教研组为业务单位开展课题研究的责任机制，强化教研组长职能，促进教师将教学问题转化为研究课题，努力把学校建设成为学习共同体。

确立了四个教科研工作目标：

1.推进科研、校本研修、课程改革的有机结合。

2.以科研促教研。推进课题研究，以教育科研带动课堂教学改革，助力教研组建设。

3.以科研促发展。加强学习培训，以教育科研促进教师专业发展，培养科研骨干。

4.围绕"三抓一注重"开展。"三抓"即抓常规教研活动、抓业务学习培训、抓课题研究工作；"一注重"即注重青年教师的培养。

（二）构建直接服务于教师发展的、开放的学校教科研网络机制

学校建立"教科研中心—教研组长—教师"自上而下的沟通机制和"教师—教研组长—教科研中心"自下而上的双向沟通机制，为教师获得经常性的沟通和联系创造良好的环境条件，使教师的教学困惑能及时得到解决，教师的经验能及时得到关注和分享。

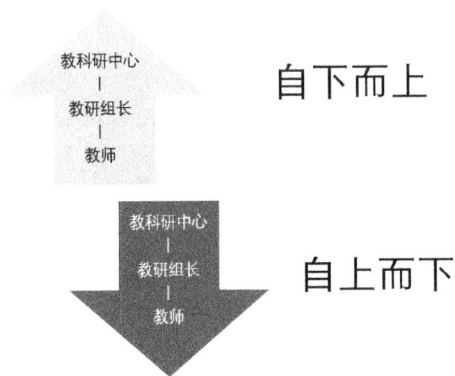

（三）完善各项管理制度，规范教科研活动

为保障教科研工作的落地和实效，学校在建设发展的六年中，根据规模和实际情况，逐年完善专项工作的制度建设，并按照中小学档

案管理的相关规定进行归档，纳入学校整体制度汇编。自建校以来，学校完善了《北京二十中学附属实验学校课题管理制度》《北京二十中学学术管理规范》等教科研相关制度，起到了规范教科研行为的作用。

重点完善"申请——审批——实施——结题——总结评价"的课题实施流程和步骤，确保课题研究的规范性。另外，学校在教科研方面取得的成果还注重留痕、存档。

（四）教科研工作管理规范，定期梳理计划总结

每个学年、学期都认真制订年度教科研工作计划，学期末做好总结报告，为持续推进科技教育工作奠定良好的基础。

二、加强教师培训，提高科研素养，营造科研氛围

（一）营造科研氛围，强化科研意识

1.营造科研氛围。

学校一直以来倡导科学精神和实事求是的态度，营造求真、求索、务实、严谨的教科研氛围。通过理论学习、经典阅读、外出学习等活动，营造良好的教学研究氛围，提高教师的理论素养、信息视野和文化底蕴。

2.形成科研意识。

提高教师的科研素养是课程改革的需要，也是学校跨越发展的必由之路。学校倡导"学校即研究中心、教室即研究室、教师即研究者"的思路，每位教师要养成学习与反思的习惯，增强研究意识，以研究者的眼光审视、反思、分析和解决自己在教学实践中遇到的问题，把日常教学工作与教学研究融为一体。树立"小科研、大价值"的科研意识，

人人参与，通过学习、尝试，切实提高教师教科研参与率与研究水平。

（二）注重学习与培训，提升科研能力

1. 注重理论学习。

学校提出教育科研"三个一"要求：至少读一本教育理论专著，参与一项教育科研课题，撰写一篇教育科研论文。

为了继续更新教师的教育观念，提高教师的理论修养和业务水平，要求教师能将教学理论应用于教学实践，实现教育理论向实践行为的转化。学校在每个学期末都会专门给老师们买书，制定书单，供老师们假期阅读。书籍涵盖教学、班主任管理、课题研究、党建学习等多个领域，还针对干部、新任教师、发展中、成熟型等不同梯队教师群体推荐不同书目，如有针对干部阅读的《管团队管的就是执行力》《高效能人士的七个习惯》，针对1—2年新入职教师阅读的《你的第一年：新教师如何生存和发展》。

读书是教师专业成长中不可缺少的内容。为教师买书、推荐书目成为学校每年的规定动作。老师们利用假期阅读书籍，在开学之后开展读书交流活动。每个学期开学初的读书交流会是一场"精神盛宴"，通过教师读书交流分享活动，交换思想，共同提升。老师们交流读书心得，学以致用，用理论指导实际，让教育教学更加科学。这既是生成研究问题的最好途径，也是不断强化老师们的科研思维，用科学研究的精神、态度、思维方式去思考、完善自己的教育方法。

2. 加强学习培训。

学校建立了专家库，不定期请专家进行专业指导。每年会利用寒暑假的"教师专业发展与课程建设研讨会"进行专题培训。学校专门邀请了海淀区紫金杯特级教师、学科教研员、海淀区督导室专家、海淀区新优质学校建设项目专家组进校听课指导。专家走进课堂，听听教师的课，做课堂观察；走出课堂，说说教师的课，做课堂评价。教师从专家那里获取的是鲜活教学之后高屋建瓴的指导。

学校不断拓展教师外出培训学习渠道，安排教师积极参加上级部门组织的教科研相关培训和课题研究培训。选派教师外出学习观摩，疫情期间进行线上课题培训，加强校际交流，互通信息，博采众长。学校实行外出学习教师跟踪管理，外出参会、学习的老师要总结学习心得，并把学习培训和实践应用结合起来，以促进教师专业发展，推动学校教学质量有效提升。

3.搭建平台，开展教师交流。

学校连续七届的"教师论坛"每个学年开学初开讲，已经成为教师之间进行交流分享和专题讨论的平台，课题研究者进行交流、展示成果。教师论坛是助力教师专业成长的一方土壤，具有专业性、研究性。凸显的主题、鲜活的案例、鲜明的观点、准确的结论足见教师扎实的研究、实践、思考、总结，这个过程见证了教师成为研究型教师的过程。

表23　教师论坛

时间	类别	老师	内容
2020年8月27日	教师论坛	康路	基于现实需求，合理整合资源，培养学科素养
		褚俊南	整本书阅读课程之跨界阅读
		邓集薪	课程重构故事与思考
		牛国艳	语文核心素养导向下的"2/3+1/3"课程重构之"1/3"拓展
		张靓	学科整合为"线上教学"增添魅力
		侯松冰	不"疫"样的课堂，别样的精彩

时间	类别	老师	内容
2020 年 8 月 28 日	班主任论坛	张军杰	缘始于"遇见"，情长于"陪伴"
		陶李	乘风破浪的班主任
		王晓	师生共融，携手成长
		杜伟宝	让学生把老师的爱带回家

4. 笔耕不辍，重视成果转化。

学校规定中青年教师要积极投稿写自己的教学感悟，要多学习、多实践、多思考、多动笔。学校认真做好教师各类科研文章的阅读、指导、修改工作，帮助教师推荐投稿发表。学年末，每位教师上交一篇教育科研论文。经过几年的不断实践，学校提供平台将老师们的研究成果辑录成集，先后出版了教育教学文集《脊梁教育集萃》等。

5. 开展课题研究相关培训。

学校加强教育科研培训，用现实案例进行培训，用课题成果案例引导研究工作，形成研究成果。2019 年 10 月，学校共有 6 项课题参与海淀区"十三五"教育科学规划一般课题的申报，并成功立项。这些都是教研组长牵头立项的课题，落实了学校以教研组为单位进行科学研究的管理规范。学校以此为契机，召开了开题报告培训会，要求教科院的侯兰、杨柳二位老师对老师们进行如何选题、如何撰写开题报告的培训，为老师们指明了方向。

6. 学科专业知识培训。

学科专业知识培训的内容包括教学研究的基本理论、教学研究方法、有效的教学基本要求、课堂教学反思方法和新课程标准的学习等。除了每周的教研组内老师们的互相学习之外，学校还邀请了各方面的专家进行学科教学指导。学校多次邀请了绘本阅读教学方面的专家来校进行培训和送课，学校还邀请海淀区督导室专家、英语总督学、语文总督学、学科教研员、西三旗学区领导进校听课指导。学校专门邀请了数学老师张鹤、语文老师王化英和学校 7 位青年教师结对子，隆重举行了拜师仪式。

7. 开展信息素养培训。

学校非常重视对教师信息技术素养的培训，多次开展数字校园、希沃软件的运用等全员培训，为教师培训了相关软件、系统的基本操作方法，使教师在使用多媒体进行教学时更得心应手。为推进多媒体技术在课堂教学中的广泛应用，提升课堂教学效率和教学质量，学校每年举行信息技术与课程整合说课展示活动。重视信息技术应用与各学科"教"与"学"的整合研究。

8. 着眼教师专业成长，培养教科研骨干。

各教研组长、年级组长等学校干部和骨干教师率先垂范，积极主动承担课题研究、发起课题研究、参与课题研究。青年教师已经成为学校教育科研的中坚力量，形成了教科研工作的合力。学校拥有一支学历高、素养高、研究力强、工作能力强的高素质教师队伍，这支教师队伍 90% 都是硕士、博士研究生，具有很强的研究能力，这些教师是学校教科研的骨干力量。2020 年，借助海淀区第三届"种子教师"项目，学校推荐杜伟宝、王晓两位教师作为"种子教师"代表，参与区级课题研究学习，以期培养成教科研骨干，在青年教师中起到引领作用。

三、优化课题管理，保障课题扎实推进

（一）规范实施课题，夯实过程管理

学校建立了完善的"课题申报——课题审批——课题实施——课题中期检查——课题结题——总结评价"的课题管理制度，确保课题研究的规范性。

课题申报阶段，由课题发起人在教研组内充分讨论，课题参与者共同撰写开题报告。召开开题论证会，立项通过以后，进入课题实施阶段。以课题组为单位，每个月召开一次课题研讨会，保证课题按计划进行。课题中期，组织实施课题阶段性验收，进行中期汇报。最后，在结题阶段，撰写结题报告，汇总课题资料。课题进行中，注重过程管理。抓实课题实施过程，物化教科研成果，将教科研方面取得的成果进行留痕、记录、存档。

（二）积极参与市区级国家级课题的申报，扎实推进

学校每年都积极参与市区级"十三五""十四五"课题的申报，进行九年一贯制贯通培养的研究、整合性教学的研究、项目式学习等学习方式的研究、学生核心素养的研究等。借市区级课题提升校本课题研究的品质。同时，积极参与区级群体课题，扎实推进北京市、海淀区群体课题以及项目的实施，借区教科研的平台提升学校教科研的水平，促进教学，提高教师科研能力，壮大学校教科研力量，包括教师发展共同体项目、劳动教育课题、研学旅行课题，等等。

（三）加强科研与教研的整合力度，积极开发校本课题

学校坚持以科研带动教学研究和教学改革的思路，发挥教育科研

对课程改革的促进作用，为日常教育教学服务。通过课题研究，培养教师反思意识和科研习惯，提高教师科研能力，提升学校日常教学实践的科研化水平。"问题即课题，教学即研究，成长即成果。"每位教师树立"教师人人是研究者""上课就是研究"的新理念，通过行动研究，改进教学行为，丰富行动策略，提高自己的专业水平。

学校鼓励教师挖掘学科教学中的重要问题、难点问题、切实需要解决的实际问题，形成一个微课题研究。将教研活动问题化、主题化、课题化，每个学科都列出一个研究的专题进行教研组内的听课研究，各年级组围绕各教研组课题积极开展研究。

几年来，学校开展的主要研究课题有：（1）整合性课程研究；（2）多学科阅读课题；（3）信息技术与课堂整合教学研究；（4）六年级衔接课程的开发；（5）2/3+1/3课堂教学改革研究；（6）学生学习能力、个别学生教育等教育领域的课题研究；（7）作业布置的精细化、精准化研究；（8）如何上好试卷讲评课研究；（9）能力课程的开发与实施；（10）课堂分层教学、提问技巧等课堂教学方式的研究。

四、开展教科研活动，积累科研成果

学校以规范常规管理、创新教科研模式为指导思想，以提高教育教学质量、促进学校特色发展和教师专业成长为目标，以服务并推进学科建设为中心，以校本教研、校本课程建设、学科教研组、课题组建设为立足点有效开展各级各类教科研活动。

（一）注重学科"微"研究，调动教师自我发展内驱力

结合"脊梁"课程实施意见，将大教研与小教研有效地整合，强

化集体备课要求。大教研活动的研究重点是解读教材及学科内课程整合，教学实施技巧等；小教研注重"微"研究，教师根据自身特点和不足，从课例、学情、方案设计、教学技巧、课后反思等方面选取内容，进行微研究，在教师论坛上进行分享和交流，通过"微"研究引导教师注重教学细节，提高课堂实效，向课堂要质量。发挥年级教研组的教研效能，以"微"研究小主题贯穿，将研究深入到底。

（1）各个年级教研组确立研究的小主题，贯穿教学研究的整个过程。小主题的确定做到"三个结合"：结合学段目标要求；结合教师的研究力和需要解决的教学问题；结合学情，做到小而实用，易于出成果。

（2）加强集体备课和反思，备课研讨突出学情研究和"以学为主"的课堂教学研讨。在低、中、高学段设置语文、数学、英语学科的备课组长，其他学科不设备课组长。语、数、外三科由备课组长组织集体备课，其他学科由教研组长组织备课。各年级备课组有统一、固定的集体备课时间、地点，有备课计划，有中心发言人，有集体备课交流记录，有过程材料的积累。每周2—3次的集体备课，在教学目标、教学重难点、学情、教学采取的策略、教材的整合点等方面共同研究，做到上课前人人心中有数。在日常教学中倡导研究、重视反思。观摩教学、听课、评课、经验交流等活动周周都有，务实有效的活动，不断提高教师的教学素质和积极性。

（3）加大组内教研课的研究，结合年级组的小主题，每人每学期开展2节组内研究课，通过听评课，相互学习，相互借鉴，进行真研究、深研究。在研究课的基础上，每人制作一节精品课例光盘。

（4）这样的研究方式极大地促进了教研组建设和学校的课程建设，在市区级各项评比中得到了嘉奖与肯定。

（二）在大型教学研究活动中提升教科研能力和学科专业能力

教学研究活动是教师专业发展的有效途径之一，尤其是大型教学活动。其体现出主题性、教师参与的层次性、活动成效性。例如，学校"脊梁杯"教学比武活动，是促进教师专业发展的学校品牌活动，每期活动都有凸显的主题，教师非常重视。为了让活动效果最大化，每次活动，学校都会邀约专家做评委，现场进行点评指导，在真实的情境下实现真正意义上的专家、教师间的互动交流，对教师而言，受益无穷。这样的教学研究培养了一大批优秀的青年教师，近几年在市区级大型教学比赛中斩获佳绩。

（三）学校召开市级教学研讨会，促进课程改革

2017年11月6日，学校召开了以"构建有效促进学生发展的学校课程与课堂"为主题的深化教育领域综合改革课程研讨会。本次研讨会共迎来传统文化与课程一体化建设项目组、新中考背景下学校课程设置项目组等110多位专家、领导和教师。鲁校长详细汇报了学校的课程体系，14位教师参与展示课活动，覆盖学校全部学科和年级，开展了两场讲座，研讨与展示、反思与促进，通过活动提升学校发展内涵，整体提升教师教育科研水平。

（四）发挥西三旗学区联盟基地校作用，示范引领学科教学活动

2018年，作为西三旗学区的语文学科联盟示范校，学校承担了西三旗学区联盟校基地校的活动，在绘本阅读、课程整合方面为学区

教师做先行，做引领。活动中，马思超、赵潇老师认真备课，反复试讲，探索新途径、新方法。两节展示课得到了联盟基地校中心组成员的肯定，同时两位教师也接受了中心组成员的评课，与中心组成员一起探讨教学的本质。学校在学区的教学研究中也发挥了辐射引领作用。

几年来，学校持续不断的研究不但在课程建设、综合素质评价方面取得了硕果，还真正促进了教研组的发展建设，提升了教师个人的研究力和课堂教学水平，实现了以研促教，建设研究型教师队伍，提升学校内涵发展的目标。

第五章　脊梁管理一体化质量体系

"十三五"期间，学校改进了脊梁管理一体化质量体系，在学段管理的基础上，成立了教师与课程发展中心、学生发展中心、教师与学生服务中心，各职能部门管理制度健全，管理职责明确。"十四五"时期学校将主动开拓发展新局面，以建设一所"优质、和谐、创新"的首都一流学校为办学目标，进一步健全脊梁管理一体化质量体系，持续优化学校内部治理体系，形成科学、规范、有效的内部治理结构；深化学校管理文化；加强学校信息化建设，促进其与教育、教学、管理的深度融合；持续改善服务保障水平，做好服务育人教育工作，为师生创造一个良好的工作、学习和生活环境。

第一节　健全规章制度

党的十九届四中全会通过的《中共中央关于坚持和完善中国特色社会主义制度　推进国家治理体系和治理能力现代化若干重大问题的决定》，系统全面阐述了规章制度建设在国家治理现代化中的地位和作用，对于学校来说，规章制度的地位和作用同样重要。规章制度是学校提高办学质量的有力保障，是学校实现办学目标的有效手段，也是规范教师行为的重要"模板"。良好的规章制度能使学校的管理更加有效、有序，能使教师个人工作学习得以合理进行。俗话说："没有规矩，不成方圆。"规矩就是规章制度，就是人们的行为准则。科学、完整、实用的规章制度作为优秀校园文化的重要组成部分，是学校正常运转所必需的。

北京二十中学附属实验学校建校于 2014 年，至今有 10 个年头。从建校第二年开始，学校就思考，在国家教育法律法规框架下，建立一套既与时俱进又符合本校办学宗旨，既结合学校实际又便于操作可行的规章制度。为此，学校专门召开校务会，形成决议，委托党支部起草学校规章制度，责成党支部书记负责此项工作。

北京二十中学附属实验学校是一所九年一贯制学校，属于义务教育阶段，学校管理必须符合义务教育阶段的特点，符合这一阶段的法律法规，为此党支部组织大家认真学习《中华人民共和国宪法》有关条文，学习《中华人民共和国教师法》《中华人民共和国义务教育法》《中小学教师职业道德规范》。大家认为，首先要制定《北京二十中学附属实验学校师德师风管理制度》，因为学校是新建校，招聘的教师大多数是新任职的青年教师，他们有工作热情也很有激情，但在工作中难免出现急躁情绪，管理学生时必须要遵守师德规范，必须使老师们了解师德规范的具体内容，守住底线，不碰红线。其次是制定《北京二十中学附属实验学校章程》，这不仅是上级主管部门的硬性要求，也是学校办学的依据，或者说是学校办学的"法"，必须投入足够的时间和精力认真研究制定。在制定"学校章程"过程中，学校动员三个层面的力量和智慧，一是党支部书记和校长多次研究，提出"章程"的基本框架。二是由党支部书记主持起草，并先后召开校务会、行政会、年级组长教研组长座谈会，广泛听取意见。三是按照上级有关部门关于"章程"文本格式撰写成文，在海淀教科院有关专业人员的指导下多次修改，最后获得海淀教委"学校章程"指导组的认可。经教职工代表大会表决通过后，由校长在全校大会上宣讲。四是起草编印《北京二十中学附属实验学校规章制度汇编》。编印学校规章制度对于学校来说，工作量是比较大的，因为"规章制度汇编"涵盖的面比较广泛，涉及的内容比较繁杂，既要秉承二十中学的管理传统，又要适合学生年龄，体现九年一贯制学校的特点，所以党支部先后用了两年多时间，反复修改，几易其稿，最终形成《北京二十中学附属实验学校规章制度汇编》，编印成册。此汇编包括干部及部分职员岗位职责、教职工管理制度、学校学生管理制度、学校信息化管理制度、后勤服务中心管理制度五大部分，共57项制度，总计67000余字。2019年9月，学校发给年级组长、教研组长以上干部人手一册，方便执行。

引入社会力量支持和监督，参与学校治理。学校深知在当今的教育发展趋势下，只有不断丰富供给链才能为学生提供好的教育服务，为此学校与中科院天文所合作开展天文观测、天文知识讲座等，与非物质文化遗产保护协会开展非遗文化的学习、交流等活动。建设学习基地，积极争取社会力量参与办学，为学生提供丰富的学习素材。目前的学习基地有航天员训练中心、999安全自护学习基地、沙河天文观测基地。学校积极构建家庭、学校工作网络，充分利用家长资源，与家长委员会积极配合开展学校的各项活动。将学校、社区、家庭打造为立体的育人环境，为学校建设服务。

在制定学校各项规章制度的过程中我们有以下几点体会：一是学校规章制度一定是在国家有关法律法规的框架下制定的。不能以"突出学校办学特色"为借口与国家法律法规相左，更不能相抵触。二是学校规章制度制定过程要有广泛的群众基础，最大限度地让干部教师参与制定过程，老师们了解了制度的内容，参与了制度的制定过程，就能够以主人翁的姿态维护制度的权威性，并能很好的执行。三是利用各种时机、各种场合宣传制度内容，并组织老师们学习了解制度，这样才能很好的执行，管理才能更有效。管理的最高境界是，人人敬畏制度，人人自觉遵守制度，而不是管理者经常用制度去处置某个团体和个人。

第二节　深化管理文化

学校管理的重要性不言而喻，可以说，"没有管理，就没有发展"。而在管理的过程中，既要尊重事物的客观规律性，尊重教师的劳动成果和工作付出，按照统一的标准严格规范和评价教师们的工作行为，又要尊重教师个体的主观能动性，激发教师队伍的主动创造性，让老师们在工作中不断创新、争先。这就要求学校在日常教育教学中，既要管理有度，又要文化育人。北京市第二十中学附属实验学校，是一所九年一贯制学校，建校 10 年以来，虽有集团校内部骨干教师的引领，但教师队伍的大部分人员都是刚刚毕业，进入社会工作不久的年轻教师。那么如何帮助这些新教师成长，迈好属于他们的"职业第一步"呢？如何将新教师的成长与学校的发展有机结合，让学校发展为教师发展提供平台，让教师发展促进学校发展？学校领导不断探索新型管理之路，力求管理有度，成就教师教育教学规范化，建设和谐温馨型团队。

一、管理有广度，规范更重要

学校是一所九年一贯制学校，为了更好地进行九年义务教育的贯通培养，以及做好各个学段之间的衔接工作，在日常教育教学过程中，学校实行学段管理。

学校日常各项教育教学任务在实施和推进的过程中，首先由各学段负责老师进行精神的传达和任务的布置，然后各学段内部再根据年级学生的年龄特点、心理特点和能力发展情况对教师进行逐项培训，再按照本学段学情落实。以学校每年 9 月的习惯培养月为例，低学段面对幼升小新一年级的学生，为确保小学一年级新生顺利度过幼小衔接阶段，学校开设了幼小衔接课程。在迎接新生入校之前，学校会对一年级的教师进行岗前培训。在岗前培训阶段，先是由学段的负责老师或年级组长讲解学校的规章制度，在"起立坐行听思说"方面，教师要有哪些言传身教的示范作用，在面对学生成长过程中出现的问题时，教师怎样进行引领帮助。通过这些内容的培训，新教师更好地融入学校文化，了解学校纪律要求，规范自身的言行。再是由学段的负责老师对日常教育教学常规进行逐项的讲解、落实。比如，每日几点进班、班主任的一日规定内容有哪些，以及在落实过程中特别要注意的内容有哪些、做好工作的方法是什么。老师们会非常清楚学校工作的相关规定，并按照要求落实。

其次，学段的负责老师要对任务进行学段目标的分解与确定，找准教育教学整合点，为深入开展相关工作提供平台。课程开展结束之后，学段既要对教师的教学进行监督、评价和帮助，更要对学段内的年级、班级管理进行效果评价。

此外，对于新教师的成长和帮助也是全方位的。在教育教学过程中，教研组首先会从学科教学的角度，对老师们的教学常规进行管理和评价，而年级组会从班级管理的角度，对老师们的教育常规进行管理和评价。最终，既有教师成长的过程性记录，也会从教学能力和教育管理两方面来评价教师。借助学校的教师管理制度、后勤管理制度、绩效考核制度、评优评先制度等多种制度，对教师达到精细化管理，借助有广度的管理来成就老师的成长。

二、管理有高度，引领更重要

苏霍姆林斯基曾说，领导学校，首先是教育思想上的领导，其次才是行政上的领导。管理一所学校，如果只是把它作为一份职业或工作，不会有出色的成绩，更重要的是要把它作为一项事业。

面对教师队伍年轻化的现象，为力促教师队伍的快速成长，学校领导从教师自身专业发展的实际出发，始终以"办人民满意的教育"为目标，着力开展和实施学校"教师论坛"和"教师讲堂"。既请进来各学科的优秀特级教师进行经验的传授和方法的讲解，也让一线年轻老师走上学校平台，在分享自己成长经历的同时，收获成长的喜悦，在引起年级教师共鸣的同时，也锻炼自身的综合素质。通过这 10 年来的"教师论坛"和"教师讲堂"，年轻教师收获了很多教书育人的方法，这一支年轻的教师队伍也逐渐向"学习型"队伍转变，越来越多的年轻教师，借助学校这样的平台成就自己并开始向区里、市里的平台迈进，在多项市区级比赛中斩获荣誉。学校也在教师们的不断努力下，继续向着"高起点、高标准、高质量"的学校前进。

三、管理有深度，沟通更重要

对于校长或者学校管理者来说，良好的沟通显得尤为重要。因为每个人都有各自不同的教育背景、生活阅历或价值追求，但既然属于一个管理团队，就必须"心往一处想，劲往一处使"，否则势必会开"历史的倒车"。而良好的沟通恰好是一座联系彼此的桥梁，只有良好的沟通，才有思维的碰撞、共识的达成、愿景的共建。同时，对同一事件客观存在的信息差，也更显出良好沟通的重要性。

在日常工作中，学校领导非常关注年轻教师的思想动态，注重对教师思想意识的引领和意识形态的教育。既关注教师团队"怎么做"的方法指导，更关注"怎么想"的价值观教育。学校每学期都会立足于各党支部的"谈心活动"，敞开领导办公大门，欢迎每一位教师的到来。学校领导也会认真聆听教师们的诉求，认真对待教师们的各项建议，真正关心教师们的现实需求，着力解决教师们的实际困难。在每学年开学初的全体大会上，学校也会一再强调"坦诚相待、真心以对"的学校团队文化，引导大家一起共建有话直说的办公氛围，不在背后议论他人工作是非，给予别人多一份理解。老师们在这样的工作环境和氛围下，感觉心里特别敞亮，说话特别痛快，沟通特别高效，心情特别愉悦。

四、管理有效度，落实更重要

学校建校 10 年以来，如果用一句话来概括所有的工作要求，那就是"管理有效度，落实重细节"。学校每天的工作，方方面面、大事小情，只有保证每一天的工作如约而办，才能保证后续的工作有条不紊。

每周，学校都会开办公会或行政会，学段的负责老师对本学段这一阶段工作出现的情况进行总结，对出现的问题进行反思，年级组长再针对以上情况进行解决方法的分享。在每一周的例会上，老师们对问题直言不讳，深入分析问题所在，在校长的指导下，推敲每一个细节，沟通每一个环节，切实做到细致入微想问题，保证落实不走样。每一周的例会，既是情况汇总会，也是校长对中层干部的工作培训会，通过对每一个教育教学案例的分析和讲解，校长吸引并团结了一批"想干事、会干事"的管理人员，加快了整个管理团队的建设，促进了学校的发展，也成就了一批管理人员。经过一段时间的磨合，新建立的管理团队配合默契，并且形成了良好的工作作风，每次大型活动或重要任务执行之后，都会集体反思成功的经验或失败的教训，并不断找到改进的方法。事实证明，这样的用人方式真正催生了学校的"高效管理"，促进了师生的共同成长。

五、管理有温度，人心更重要

教师是学校发展的宝贵财富，只有创设有温度的校园，才能让教师在每日的工作中感受到温暖，发挥自己的光和热。学校领导每学期都会从教职员工的切身利益出发，给予教职员工更多的人文关怀。有的教师向学校提出电动车充电难的问题，学校立刻在校园里安排了充电桩，保证老师们每日上下班的交通需求。因校园卫生文化的要求，老师们不能够在办公桌等公共物品上张贴自己日常需要的内容，学校考虑到老师们的工作需要，为老师们配备了办公桌垫，让老师们把日常需要的工作清单压在桌垫底下，既不违反学校规定，也方便了老师们的每日工作。此外，为美化办公室环境，学校每学期都为教师配备绿植，并定期更换，老师们感觉在办公室办公是一件非常享受的事情。

在日常管理中，管理者经常深入一线了解实际情况，努力为教职员工解决一些棘手的问题，包容他们的一些不足之处，但这种包容不是姑息、迁就、放任，而是严格要求下的理解、尊重，让每个人有机会扬长补短，将短板转变为自己的长处。包容但不纵容，信任但不放任，所有管理工作坚守原则底线，用正确的人，做正确的事，以柔克刚，而且经常换位思考，真正把所领导的学校、团队引领到正确的发展道路上。

管理的重要节点就是，所有工作都应以促进师生成长为出发点，要公开每一项制度和决策，公平对待每一位教师和学生，公正处理每一件事。

所谓"管理有度"，是在规则之内成就教师们的个性成长；所谓"文化育人"，是在和谐之上熏陶教师们的一言一行。

第三节　优化服务保障

一、完善校园安全建设

建立安全与健康管理制度，开展安全健康教育。学校建立健全安全卫生管理制度和工作机制，确保学校师生人身安全、食品饮水安全、设施安全和活动安全；按要求制定突发事件应急预案，预防和应对溺水、交通事故、不法分子入侵、校园暴力、自然灾害和公共卫生事件；利用课程有计划地开展生命教育、防灾减灾教育、禁毒和预防艾滋病教育；普及疾病预防、饮食卫生常识以及生长发育和青春期保健知识；落实《中小学幼儿园应急疏散演练指南》，提高师生应对突发事件和自救自护能力。学校与999急救中心合作，成功举办了应急疏散救灾演练，很好地开展了安全健康教育。

建设安全卫生的学校基础设施。学校建立健全安全卫生管理制度和工作机制，确保学校师生人身安全、食品饮水安全、设施安全和活动安全；利用课程有计划地开展生命教育、防灾减灾教育；普及疾病预防、饮食卫生常识以及生长发育知识；落实《中小学幼儿园应急疏散演练指南》，提高师生应对突发事件和自救自护的能力。

二、加强信息化建设

加强信息化制度建设。重新梳理信息化相关工作制度，对原有的制度进行补充、完善。完善采购、服务、技术合同台账条目，进一步规范采购管理、设备进出流程，加强运维管理规范建设，严格落实机房管理制度。从硬件和软件上逐步升级学校网络配置，提升网络性能，满足物联网智慧化校园建设；统筹规划安排学校的音视频资料采集计划。

加强信息化与教育教学的深度融合。进一步加强学校物联网建设，将选课、考试管理、课表、评价、资源、考勤等业务，通过软硬件结合的方式进行信息化管理，服务于学校师生教育教学管理；加强对教师利用网络学习平台开展教研活动的鼓励，建设教师学习共同体；利用听评课、录课平台，帮助教师实现录课和评课智能化，教师间互相评课、骨干教师听评课，助力教师专业成长，促进研究型教学氛围的形成。

加强信息中心管理团队建设，进一步提升管理精细化。延续现有的报修机制；提升教师信息化能力，分类编写常见问题解决方案，引导教师自我解决问题，提升教师信息化水平和处理问题的能力；加强对运维人员的管理，提高服务品质；为信息中心的老师创造更多专业、管理方面的培训机会，提升团队协作效率，让老师们有更多的时间放在教育教学、教研、科技工作上。

三、提升服务保障水平

围绕"一个"中心：安全；做好"两个"服务：做好教育教学服务，做好师生生活服务；落实"三个"到位：认识到位，责任到位，措施到位。遵照教育方针和勤俭办学原则，以搞好服务提供保障为目标，做好服务育人教育工作，积极有效地配合学校搞好教学工作和各项活动，为师生创造一个良好的工作、学习和生活环境。

建立健全服务中心各项规章制度。紧紧围绕学校教育教学的重点有计划有前瞻性地开展工作，为教学工作做好超前准备以及服务保障，努力提高服务中心人员的服务意识与服务效率，更好地做好服务育人、管理育人，使师生满意率达到95%以上。

争创花园式校园。不断优化校园环境和改善办学条件，进行校园绿化和环境建设的构思与初步实施，努力营造和谐的育人环境，逐步实现校园环境的人文化和现代化，争创花园式校园。不断强化师生垃圾分类意识，创建节约型绿色校园。营造和谐、尊重、包容的校园文化。重视校园文化建设，重视环境育人功能，教学楼的每一个细节都是从利于孩子的健康成长考虑进行设计的；利用礼仪课程对学生进行道德、法律意识和规则意识的培养，营造体现和谐、尊重、包容的校园文化氛围；有效利用空间和墙面展示孩子们的作品，通过绿化、美化、净化校园发挥环境育人功能；每年通过健康秀场、文艺嘉年华等形式，组织丰富多彩的学校活动，从而形成独特的"脊梁"文化。

提升后勤保障水平。建立健全卫生保健制度，加强卫生人员对常见病防治及传染病防控等知识的学习,多形式、多渠道开展健康教育,增强学生自我防护意识,促进学生综合素质的提高;加强食堂管理,做师生、家长放心满意的食堂;做好图书馆的服务保障。

充分发挥学校报道宣传阵地的作用。有目的、有计划、有针对性地运用宣传平台,树立榜样力量,注重舆论引导。通过无障碍沟通、无保留服务的官网、官微,创新重大主题报道,创作一批有影响力、有感染力的好作品,提升新闻宣传工作的引导力、传播力,更好地为师生、家长、社会服务,为学校树立更好的口碑,使之成为师生展示才情的平台、脊梁教育的重要阵地。

后　记

　　北京市第二十中学附属实验学校于 2014 年 9 月建校，是一所九年一贯制学校，是二十中学教育集团的组成部分。在"十三五"期间，学校坚持立德树人，大力推进素质教育。学校结合办学性质及办学目标，不断提炼总结在课程建设、教师发展、区域共享、学校文化等方面的实践经验，确立了以"培育中国脊梁"为核心价值观的新的教育理念，形成了脊梁教育一体化的办学特色。学校建构了脊梁德育一体化育人体系，探索实践五育融合的育人模式；学校确立了脊梁课程一体化建设体系，旨在促进、发展学生的人文气质、科学精神，健康体魄、艺术素养和技术能力，让每个孩子成长为一个综合素质全面，有创新精神和实践能力，敢于担当社会责任的人；学校实施了脊梁教师一体化发展体系，通过建构"一、二、三"的发展模式，建立学校教师发展共同体，以成长型思维模式，形成"共学、共享、共生、共创"的教师发展文化，实现全员、全面、个性化发展；学校改进了脊梁管理一体化质量体系，在学段管理的基础上，成立了教师与课程发展中心、学生发展中心、教师与学生服务中心，各职能部门管理制度健全，管理职责明确。

"十三五"期间，学校的《九年一贯制学校一体化课程体系建设实践研究》被评为北京市基础教育课程建设优秀成果一等奖，在办学特色方面被评为全国冰雪教育特色校、全国冰雪教育奥林匹克示范校、建设了一所"爱阅读的学校"，在办学品质方面被评为北京市文明校园、北京市义务教育学校管理标准达标学校等。

基于学校发展的探索实践，面对未来机遇与挑战，"十四五"时期学校将主动开拓发展新局面，以建设一所"优质、和谐、创新"的首都一流学校为办学目标，充分挖掘"脊梁教育"的时代内涵与价值，加强一体化建设，创新育人方式与途径，为海淀区适龄学生提供高水平高质量教育，实现"建设优质、和谐、创新的海淀北部教育新地标"的办学目标。具体而言：

脊梁德育一体化育人体系进一步深化。坚持德育为先、育人为本，落实立德树人的根本任务，以社会主义核心价值观为引领，遵循教育规律和学生成长、认知规律，着眼于每一名学生的全面发展和学校的健康可持续发展，进一步规范德育管理，强化德育队伍，创新德育途径，增强德育合力，探索全员、全过程、全学科育人模式与策略，全面提升学校德育工作的针对性和实效性。

脊梁课程一体化建设体系进一步完善。深入挖掘脊梁课程一体化内涵，不断扩大外延，在课程实施路径、课程评价等方面不断完善，形成特色课程成果。

脊梁教师一体化发展体系进一步拓展。践行"重品行、重育人、重学问、重能力"的选人用人理念，建立一支结构合理，认同办学理念，敢于担当、不畏困难、有开拓精神、服务精神的一流师资队伍，形成学校不同级别的名师队伍，打造"人人有特色"的教师群体，以支撑学校高水平教学的开展。

脊梁管理一体化质量体系进一步健全。持续优化学校内部治理体系，形成科学、规范、有效的内部治理结构；加强学校信息化建设，促进其与教育、教学、管理的深度融合；持续改善服务保障水平，做好服务育人教育工作，为师生创造一个良好的工作、学习和生活环境。